Schritte · Pasos
Passi · Steps · Pas

Ein Lesebuch für die Grundstufe
Deutsch als Fremdsprache

Waltraud Seibert · Ulrich Stollenwerk

LANGENSCHEIDT
BERLIN · MÜNCHEN · WIEN · ZÜRICH · NEW YORK

Redaktion: Winfried Melchers

Layout: Gudrun Eckstein

Zeichnungen: Erhard Dietl

Umschlaggestaltung: Barbara A. Stenzel (Foto) und Franz Graf

Druck:	8.	7.	6.	5.	4.	Letzte Zahlen
Jahr:	96	95	94	93	92	maßgeblich

© 1986 Langenscheidt KG, Berlin und München

Das Werk und seine Teile sind urheberrechtlich geschützt.
Jede Verwertung in anderen als den gesetzlich zugelassenen Fällen bedarf deshalb
der vorherigen schriftlichen Einwilligung des Verlages.

Druck: Druckhaus Langenscheidt, Berlin
Printed in Germany   ISBN 3-468-49884-5

Inhalt

Selektives Lesen — Sie lesen und lernen:

1. Schilder	Ein Wort verstanden = viel verstanden. Ort, Situation und Kontext helfen.	5
Lesetips	Text und Thema	10
2. Auf dem Zettel	Im Telegrammstil… – Imperativ	11
3. Am Apparat	Ein Telefon ist nichts Neues. – Bildsymbole ansehen! – Erst bei Problemen: genau lesen!	15
4. Hier Geld einwerfen	Genau lesen! – Bilder ansehen und Texte in fremden Sprachen suchen.	19
Lesetips	Vor dem Lesen und beim Lesen	22
5. Medikament-Information	Was muß ich wissen? – Fremdwörter helfen.	23
6. Wörterbuch	Abkürzungen und Zeichen sind wichtig. – Einsprachig ist besser als zweisprachig.	27
Lesetips	Tempo, Tempo!	32
7. Garantie*	Welche Information suche ich? – Nicht alles ganz genau lesen.	33

Orientierendes Lesen — Sie lesen und lernen:

8. Bildergeschichten	Der Text ist oft nur Detailinformation. – Bilder geben eine „Übersetzung" zum Text.	37
9. Radfahrer frei	Bilder geben Informationen zum Thema. – Bilder sind Vorbereitung auf den Text.	43
Lesetips	Lesehilfe Bild	48
10. Schlagzeilen	Überschriften lesen! – Wie heißt das Thema? – Interessiert es mich? – Will ich alles lesen?	49
Lesetips	Zeitung	52
11. Sensation!!	W-Fragen helfen bei der Orientierung. – W-Fragen stellen und beantworten.	53
12. Nachrichten	Berichtstruktur und grammatische Phänomene – Texte mit W-Fragen schreiben.	57
Lesetips	W-Fragen	60
13. Täter gesucht	Täter/Opfer – Subjekt/Objekt – Das Tempussystem im Bericht. – Wörter aus dem Kontext verstehen.	61
14. Geld*	Grafiken machen komplexe Informationen einfach. – Die Grafik kann übersetzen, erklären oder mehr Information geben. – Komposita – Mehrere Texte zu einem Thema: Wortschatz vergrößern	65
Lesetips	Grafiken helfen verstehen	68

Genaues Lesen — Sie lesen und lernen:

15. Kuriositäten	Text- und Themenidentifikation – Texte überfliegen, interessante Information suchen. – Texte zuerst ganz lesen, an Bekanntem orientieren.	69
16. Kennen Sie den	Witze verstehen – Witze erzählen.	73
17. Deutsches*	Sprache der Journalisten – Orthographie	77
18. Unglaublich?	Das richtige Wort aus dem Kontext – Ratschläge – Tatsache oder Prognose?	81

Interpretierendes Lesen — Sie lesen und lernen:

19. Gedichte	Nachdenken – Assoziieren – Interpretieren	85
20. Franz Kafka	Ein Text sagt oft mehr als man liest.	89
Lösungsschlüssel		94
Quellennachweis		96

Kapitel mit * enthalten viele schwierige Texte.

Vorwort

Schritte entstand aus dem Unbehagen daran, daß in vielen Lehrbüchern ein Mangel an allgemeinsprachlichen, authentischen Lesetexten herrscht und nur selten auf Lesetechniken und Lesestrategien eingegangen wird.

Schritte ist sowohl für Selbstlerner (Lösungsschlüssel!) als auch für den Gruppenunterricht geeignet. Schon Anfänger können mit den Kapiteln 1–4 des Buches arbeiten. Auch weiter fortgeschrittene Lerner, die oft beim ersten unbekannten Wort zum Wörterbuch greifen oder meinen, Deutsch sei „zu schwer", können durch die Arbeit mit *Schritte* zu angstfreierem Umgang mit fremdsprachlichen Texten geführt werden. Der Grundgedanke dabei ist: man sollte einen fremdsprachlichen Text nicht viel anders lesen als einen muttersprachlichen.

Schritte bietet drei verschiedene Textsorten:

- Gebrauchstexte (Kapitel 1–7)
- Zeitungs- und Zeitschriftentexte, überwiegend Informationstexte (Kapitel 8–14)
- Texte, die zum persönlichen Vergnügen gelesen werden (Kapitel 15–20)

und trainiert vier Lesetechniken:

- selektives Lesen (Kapitel 1–7)
- orientierendes Lesen (Kapitel 8–14)
- intensives/genaues Lesen (Kapitel 15–18)
- interpretierendes Lesen (Kapitel 19 und 20).

In jedem dieser Teile finden sich Texte unterschiedlichen Schwierigkeitsgrades. Man sollte also nicht chronologisch, sondern selektiv vorgehen. Bitte beachten sie die Hinweise auf den Schwierigkeitsgrad * im Inhaltsverzeichnis.

Jedes Kapitel beginnt mit einem „Aufwärm-Teil", der auf vielfältige Weise Interesse an den Haupttexten zu wecken versucht; dafür sollten etwa fünf bis zehn Minuten angesetzt werden. Der Zeitaufwand für die Haupttexte läßt sich nicht angeben, weil mehrere Faktoren eine Rolle spielen: der Stellenwert des Themas für die Lerner, der Kenntnisstand der Lerner, die Entscheidung der Lehrer, wie gründlich das Kapitel behandelt werden soll – es müssen keineswegs immer alle Übungen gemacht werden. Für die selbständige Arbeit in der Gruppe oder zu Hause dient der Lösungsschlüssel (S. 94 f.) als Kontrolle.

Die Lerner werden von Anfang an zu aktivem Umgang mit den Texten aufgefordert, *Schritte* regt zum „Machen" an; Bleistift, Radiergummi und Textmarker sind unerläßliche Arbeitsmittel.

Es wurden ausschließlich kurze Texte ausgewählt, da die Erfahrung zeigt, daß lange Texte in einer Fremdsprache eher frustrierend als motivierend wirken.

Aufgaben, die mehrere Lösungsmöglichkeiten zulassen, sollen im Gruppenunterricht Diskussionen auslösen. Das gibt den Lehrern die Möglichkeit, sich an den Rand des Unterrichtsgeschehens zu begeben und vorrangig Partner- und Gruppenarbeit anzuregen.

Sehr wichtig sind die Lesetips, die mit zahlreichen Hilfen und Denkanstößen zu bewußterem Lesen führen sollen.

Wir danken der Stiftung für Europäische Sprach- und Bildungszentren, EUROCENTRES, für die Gelegenheit, die Texte dieses Buches an ihrer Kölner Schule erproben zu dürfen, sowie allen Kollegen und Schülern, die uns mit konstruktiver Kritik unterstützt haben.

Die Autoren

Schilder

1.1 Stellen Sie sich vor:

Sie sind in einer deutschen Stadt. Sie sehen dort viele Schilder, z. B. an Geschäften, an Haustüren, in Parks usw. Lesen Sie jetzt die Schilder am Kaufhaus Kerb:

KERB

PREISSTURZ
PROBIERPREIS
TOTALAUSVERKAUF
SUPERPREIS
PREISSENSATION
RÄUMUNGSVERKAUF
SONDERANGEBOTE
WINTERSCHLUSSVERKAUF
EINFÜHRUNGSPREIS
AKTIONSPREISE
PREISKNÜLLER

Markieren Sie, was Sie kennen; auch Teile von Wörtern!

1.2 Überlegen Sie:

Was will man Ihnen sagen?

a. Alles ist teurer als normal. richtig ☐ falsch ☐
b. Alles ist billiger als normal. richtig ☐ falsch ☐
c. Alles ist verkauft. richtig ☐ falsch ☐

1.3   **DIE SITUATION HILFT VERSTEHEN**

1 Schilder

1.4 Wo findet man diese Schilder?

Dr. med. G. Schorre

Besucher-Parkplatz

Falschparker werden kostenpflichtig abgeschleppt

vor einem Haus

Parken verboten
Widerrechtlich abgestellte Fahrzeuge werden kostenpflichtig entfernt

in einem Hof

Durchgang verboten

an einem Tor

GARAGENANLAGE
Rauchen, Feuer und offenes Licht polizeilich verboten!

in einer Garage

1 Gasthaus Zum Treppchen
Parkplatz nur für Gäste

2 Öffnungszeiten:
Mo.–Fr. 9^{15}–13^{00} u. 15^{00}–18^{30} Uhr
samstags 9^{00}–13^{30} Uhr
langer Samstag bis 15^{00} Uhr

3 In den Monaten Januar u. Februar bleibt unser Geschäft von 13^{00}–14^{00} geschlossen!

4 Anfahrt für HOTELGÄSTE FREI
Schlüssel zur Öffnung der Sperre erhalten Sie an den Receptionen
Rheinhotel ATRIUM u. Hotel ST. MATERNUS
Karlstrasse 4-10   Karlstrasse 9

5 werktags 8-19h auf dem Seitenstreifen
Anlieger und frei

6 Küchenhilfe sofort gesucht

1.5 Zur Information

Für das Lesen von Schildern ist wichtig:

- Wo hängt es (= der Ort)?
- Wie ist Ihre Lesesituation?

Auf vielen Schildern findet man:

- Uhrzeiten
- Wochentage oder ihre Abkürzungen, z.B. *Mo., Die., Mittw.* u.ä.
- das Wort *verboten* oder Synonyme, z.B. *untersagt, nicht gestattet, nicht erlaubt* u.ä.
- Wörter, die mit *Ein-, Aus-, Durch-* usw. beginnen, z.B. *Einfahrt, Ausgang, Durchfahrt*

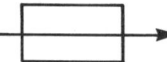

Schilder

1.6 Wie viele Schilder ...

a. sind Verkehrsschilder? _____
b. sagen etwas über Uhrzeiten? _____
c. bedeuten *Parkplatz*? _____
d. sind mit der Hand geschrieben? _____
e. sind für Hotel- oder Restaurantgäste? _____

1.7 Wo hängen die Schilder? *Nr.*

a. An einem Bauzaun.
b. Am Fenster eines Restaurants.
c. An einer Straßenecke.
d. An einem großen Platz. Er ist Park- und Marktplatz.
e. An einer Geschäftstür.
f. Neben einer Geschäftstür.
g. An einem Firmenparkplatz.
h. An einer Gaststätte.
i. An einer Straße. Sie ist für den Verkehr gesperrt.

1.8 Welches Schild? *Nr.*

a. Klaus geht zu Fuß und kommt an eine große Baustelle.
b. Petra will Wurst kaufen. Sie fährt mit dem Auto.
c. Herr und Frau Stegmann fahren mit dem Auto. Sie wollen in einem Restaurant essen.
d. Jürgen fährt mit dem Fahrrad durch die Stadt.
e. Frau Schmitz will mit ihrem Hund auf dem Markt einkaufen.
f. Am Donnerstag, dem 15. 2., um 14 Uhr will Rainer einkaufen.
g. Gisela ist Studentin. Sie sucht Arbeit.
h. Wolfgang ist Taxifahrer. Er muß einen Gast in die Karlstraße 4 bringen.
i. Elke sucht einen Parkplatz. Es ist Samstag 11 Uhr.
j. Michael parkt seinen Wagen auf dem Parkplatz der Firma Ohrem und geht ins Kino.
k. Familie Weiß geht am Sonntagnachmittag spazieren.

1 Schilder

1.9 Wo steht das?

Nr.

a. Wir haben in der Nähe einen Parkplatz.

b. Frohe Weihnachten.

c. Wir brauchen Personal.

d. Zwei Monate im Jahr haben wir Mittagspause.

e. Hier dürfen nur unsere Kunden parken.

f. Hier dürfen nur Anwohner und Radfahrer fahren.

g. Hier können Sie zu Fuß nicht weitergehen. Sie müssen über die Straße gehen.

Nr.

h. Hier können Sie manchmal samstags bis 3 Uhr nachmittags einkaufen.

i. Sie wollen bei uns schlafen? Dann können Sie weiterfahren, aber Sie müssen erst zu Fuß zu uns kommen und etwas holen.

j. Sie wollen bei uns essen? Dann dürfen Sie hier parken.

k. Wir verkaufen heute hier Gemüse, Blumen und Käse. Sie dürfen hier nicht mit dem Rad fahren.

1.10 Was kann das heißen?

a. auf dem Seitenstreifen
b. … auf Kfz-Verkehr achten
c. außer samstags …
d. Inh. Hubert Golly
e. Anlieger frei
f. werktags …
g. … ist untersagt
h. … bitte vorbestellen
i. Verehrte Kundschaft!
j. Fremdparker werden kostenpflichtig abgeschleppt
k. … andere Straßenseite benutzen …

1. Nicht an Samstagen.
2. Kraftfahrzeuge achten auf den Verkehr.
3. Wer hier wohnt, darf hier fahren.
4. Das ist verboten.
5. Von Montag bis Samstag.
6. Das ist der Name des Chefs.
7. Hier rechts, hinter der weißen Linie.
8. Liebe Fußgänger!
9. Achtung! Autos!
10. Hier wohnt Herr Golly.
11. Nicht hier gehen!
12. Ausländische Autos kosten Geld. Wir bringen sie weg.
13. Nie an Sonntagen.
14. Liebe Kunden!
15. Wir bringen Autos von Nicht-Kunden weg. Das kostet Geld.
16. Sie können frei liegen.
17. Auf der linken Seite.
18. Man kann nicht sofort kaufen.

Der Ausdruck	a.	b.	c.	d.	e.	f.	g.	h.	i.	j.	k.
heißt (Nr.)											

1.11 Lesen Sie genau!

Hunde und Kinder an der Leine führen

Rattengift

Was fällt Ihnen auf?

_____
_____
_____
_____
_____
_____

Schilder

Dr. med. Gisela Schorre
Fachärztin f. Frauenheilkunde
u. Geburtshilfe

Sprechst. Mo–Fr 9–11
und nach Vereinbarung

Alle Kassen

Dr. med. Traute Meier
Fachärztin für
Hals- Nasen-Ohrenkrankheiten

Sprechz.: Mo.–Fr. 9–11
und nach Vereinbarung

alle Kassen

**Dr. med. Inge Oppenheim
Dr. med. Rolf Stollberg**
Prakt. Ärzte

Sprechst. Mo–Fr 8–12 Uhr
16–18 Uhr
und nach Vereinbarung

Alle Kassen

Dr. med. F. Webering
Facharzt f. Innere Medizin
– Kardiologie –

Sprechst. 9–10 u. nach Vereinbarung
Alle Kassen

Dr. med. D. Kleinholz
Facharzt für Orthopädie
– Sportmedizin –

Sprechst. Mo Mi Do Fr 9–11
Di 15–16
und nach Vereinbarung

Alle Kassen

Dr. med. dent. H.-R. Wirth
Zahnarzt

Sprechstunden nach Vereinbarung
Telefon 39 47 77

Alle Kassen

1.12 Richtig oder falsch? [r] oder [f] ?

a. Zu Dr. Stollberg kann man montags um 8 Uhr gehen.

b. Zu Dr. Wirth kann man nur gehen, wenn man einen Termin hat.

c. Dr. Kleinholz hat am Dienstagmorgen keine Sprechstunde.

d. Zu Dr. Schorre kann man nur nach Voranmeldung gehen.

e. Dr. Meier ist eine Ärztin.

f. Zu Dr. Kleinholz dürfen nur Sportler gehen.

g. Dr. Webering ist Spezialist für Kardiologie.

h. Dr. Oppenheim und Dr. Stollberg sind Spezialisten.

1.13 Schilder suchen

Gehen Sie mit Papier und Bleistift an einen dieser Orte:
a. auf einen Kinderspielplatz
b. in einen Park
c. in den Zoo
d. in ein Museum
e. in eine Wohnanlage
f. in ein Schloß/eine Burg
g. an die Garderobe in einem Restaurant oder in einer Kneipe

Notieren Sie, was dort auf den Schildern steht.
Notieren Sie auch genau, wo das Schild hängt.

L Lesetips

L1 Textidentifikation

Sie sehen hier 10 verschiedene Textsorten-Ausschnitte. Können Sie sie identifizieren?

Nr.

a. Brief

b. Telefonbuch

c. Theaterprogramm

d. Börsenbericht

e. Wörterbuch

f. Formular

g. Kleinanzeigen

h. Filmanzeige

i. Glückwunschanzeige

j. Inhaltsverzeichnis

L2 Themenidentifikation

Worum geht es in diesen Ausschnitten?

Nr.

a. In welchem Ausschnitt werden Arbeiten für Frauen angeboten?

b. In welchem Ausschnitt schreibt jemand aus Frankreich?

c. In welchem Ausschnitt gratuliert jemand seiner Mutter?

d. In welchem Ausschnitt steht etwas über den Wert von Aktien?

e. In welchem Ausschnitt steht, auf welcher Seite man bestimmte Artikel lesen kann?

f. In welchem Ausschnitt muß man etwas ausfüllen?

g. In welchem Ausschnitt geht es um das Werk eines deutschen Filmemachers?

h. In welchem Ausschnitt wird die Bedeutung von Wörtern erklärt?

i. In welchem Ausschnitt findet man die genaue Adresse von Gerhard Janetzki?

j. In welchem Ausschnitt erfährt man, wo man anrufen muß, wenn man eine Karte für „Hinkebein" reservieren will?

Auf dem Zettel 2

2.1 Stellen Sie sich vor:

Sie wollen mit Ihrer Freundin Bärbel Moll einen Ausflug machen und finden am Morgen vor Ihrer Tür einen Zettel:

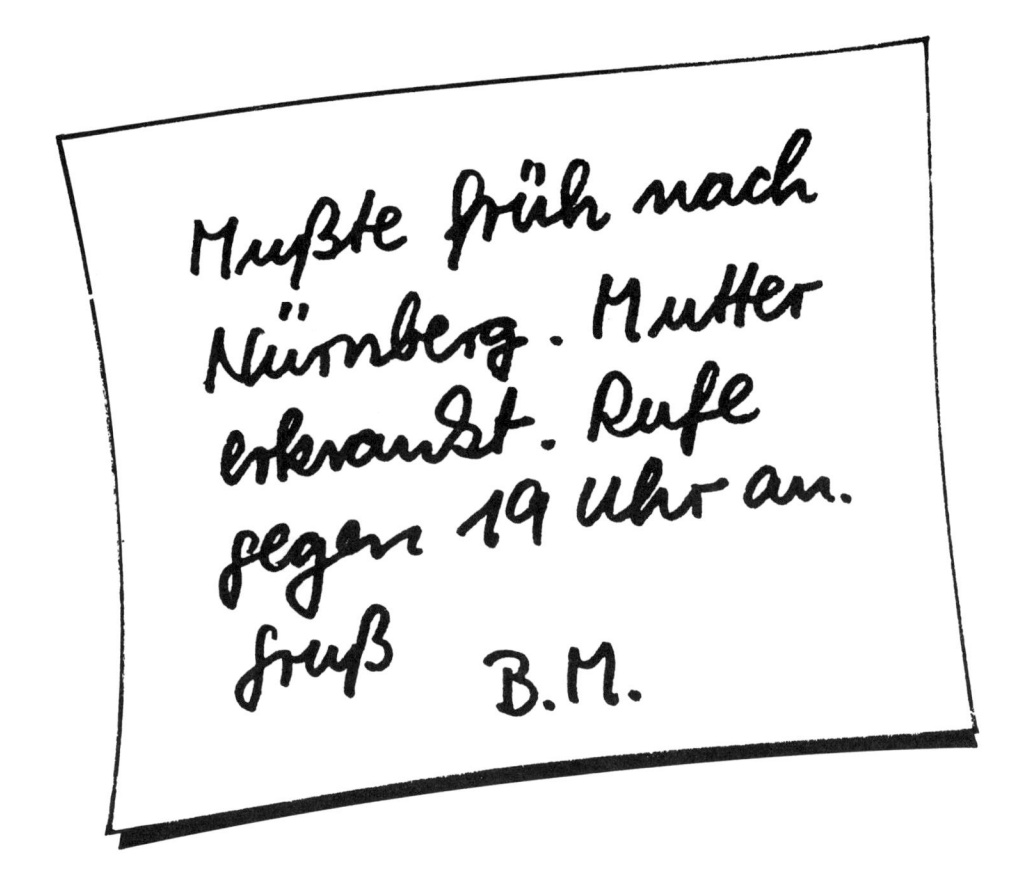

> Mußte früh nach Nürnberg. Mutter erkrankt. Rufe gegen 19 Uhr an.
> Gruß B.M.

2.2 Was verstehen Sie?

a. Bärbel Moll ist ____nicht____ zu Hause.

b. Sie _____ in _____.

c. Ihre _____ ist _____.

d. Sie _____ heute abend (_____).

2.3 Zur Information

Zettelbotschaften sind oft im Telegrammstil geschrieben, d.h., die Sätze sind nicht immer komplett.

An *Du-Personen:* – fehlen oft die Personalpronomina *ich* und *wir* sowie der normale Briefanfang *Liebe(r)* ...
– benutzt man sehr oft den *Du*-Imperativ, z.B. *Komm! Geh! Sag!* usw.

An *Sie-Personen:* – schreibt man normalerweise einen Kurzbrief mit dem typischen Anfang und Ende

Die Formulierungen *Du sollst bitte ... / Sie sollen ... / Du möchtest bitte ... / Sie möchten ...* braucht man, wenn eine Person C den Zettelschreiber A bittet, Person B etwas mitzuteilen: C: „..." → A → B

Auf dem Zettel

2.4 Welcher Zettel sagt etwas über ...

a. Einkaufen? ☐

b. Auto? ☐

c. Schlüssel? ☐

d. Temperaturen? ☐

e. Krankheit? ☐

f. Sport? ☐

g. Telefonnummer? ☐

2.5 Welcher Schreiber ...

a. sieht fern? ☐

b. kommt bald zurück? ☐

c. ist Student? ☐

d. hat Probleme mit der Freundin? ☐

e. ist ein Kind? ☐

f. ist am Abend ausgegangen? ☐

2.6 Für wen ist der Zettel ...

a. Nr. 3? *Freundin / Frau*

b. Nr. 4? _____

c. Nr. 5? _____

d. Nr. 7? _____

e. Nr. 10? _____

f. Nr. 12? _____

2.7 Es geht um Zettel ...

a. Nr. 12: Wer hat angerufen? *Vati*

b. Nr. 2: Wer ist krank? _____

c. Nr. 1: Was bedeuten ℔ und ~? _____

d. Nr. 9: Wer hat die Telefonnummer 38765? _____

e. Nr. 7: Was soll Frau Beier machen? _____

f. Nr. 4: Ißt Mutti mit? _____

g. Nr. 5: Warum will Sigi Babsi sehen? _____

Auf dem Zettel

2.8 Welches Wort fehlt im Zettel?

Schilder: BAHNHOF, FREIBAD, MESSE, EISSTADION, RATHAUS, MUSEUM, ZOO, STADION, INDUSTRIEGEBIET, ZENTRUM

① Bin im .... zur Ausstellung von Picasso. Komme um 5 Uhr zurück. Werner

② Wir sind mit Mutti ins .... Brauchen neue Schuhe. Viele Küsse P.

③ Herr Brauer, wollen Sie mit zum Spiel HSV gegen 1. FC? Habe 2 Karten. Treffpunkt 2 Uhr am .... Kasse 2. Gruß Peter Scheibe

④ Kaufe Karten für „Holiday on Ice", Treffpunkt 19⁰⁰ vor .... Bernd

⑤ KLAUS MACHT FOTOS VOM BÜRGERMEISTER. WIR TREFFEN UNS VOR DEM .... UM 14⁰⁰

⑥ Ich bin schwimmen im .... Bonnerstr. Hol mich um 17⁰⁰ ab. P.

⑦ KURT'S VATER HAT ANGERUFEN. ER IST ZUR .... HIER. HALLE 7 STAND 3. DU SOLLST HINKOMMEN. KUSS B.

⑧ Liebe Frau Koch, Ihre Tochter kommt um 16³⁵ mit dem Intercity an. Bin mit dem Taxi zum .... Herzlichst A.M.

⑨ Petra wollte mal ein Krokodil sehen. Wir sind im .... bis heute Abend. ich

2 Auf dem Zettel

Linke Zettel (1-6):

1. Kln ab ...
   Tickets
   30 min ...

2. Gas a...
   Wasser
   Video pr...
   Fr. + Sa...

3. Koffer vo...
   Reißverschl...
   Kofferse...

4. Schlüssel
   (Blum...
   zeitung a...

5. 3 Dia-F...
   Batterien
   Fototasche

6. Paß ver...
   Impfpaß
   Reisesche...

Rechte Zettel (a-f):

a. → Fr. Kaiser
   ...en 2×pW)
   ...bbestellen

b. ...ilme (36er)
   für Blitz
   Peter?

c. ...1³⁰ – NY 13³⁰
   LH Schalter
   ...orher da

d. ...ängern
   mitnehmen
   ...cks!!!

e. ...e Papa holen
   Tasche rep.
   ...hlüssel?

f. ...bstellen
   "
   ...ogrammieren
   20¹⁵

2.9 Welche Teile gehören zusammen?

Petra Schröder will nach Amerika fliegen. Sie schreibt auf Zettel, was sie noch machen muß. Ihre Mutter ist zu Besuch und macht Ordnung. Sie zerreißt die Zettel und wirft sie in den Papierkorb. Dort findet Petra die Zettel. Was gehört nun zusammen?

Nr.   Nr.
a + 4   d + ___
b + ___   e + ___
c + ___   f + ___

2.10 Was kann das bedeuten?

a. 36er _Film mit 36 Bildern_
b. 2× pW ___
c. LH Schalter ___
d. rep ___
e. Kln ___
f. Dia ___

2.11 Was muß Petra mitnehmen?
Ordnen Sie die Buchstaben:

Beispiel: SAPS _Paß_ (ss = ß)

a. AFMIPSPS ___
b. OFKFRE ___
c. CTSEHA ___
d. ZLTBI ___
e. KEECEHRSISCS ___
f. OFRSHLSCEFKÜSEL ___

g. TCETKIS ___

14

Am Apparat... [3]

3.1 Der Münzfernsprecher

- -e Grüne Taste
- -r Hörer
- -e Anzeige
- -s Endsignal
- -r Münzeinwurf
- -e Informationstafel
- für Notfälle
- Was nicht geht
- Wenn der Apparat kaputt ist
- *Wenn noch Geld im Apparat ist*

3.2 Aus einer Telefonzelle

muß man oft telefonieren. Die Informationstafel gibt uns Bildsymbole, die uns helfen.

Welches Bildsymbol bedeutet was?

Bild Nr.

Geld einwerfen ☐

Hörer einhängen ☐

Nummer wählen ☐

Hörer abheben ☐

Aber manchmal gibt es Probleme. Etwas funktioniert nicht richtig. Dann muß man den Text lesen können.

3.3 Was heißt das?

angezeigter Betrag	die Geldsumme, die man oben links in dem kleinen Fenster sehen kann
-r Standort	der Platz, wo die Telefonzelle steht
-e Störung	Wenn der Apparat nicht richtig funktioniert, dann ist das eine Störung.
handvermittelte Gespräche	Gespräche mit Telefonpartnern, die man nicht direkt anwählen kann. Man braucht dann die Dame von der „Vermittlung". Sie wählt für uns.
weitere Gespräche	noch mehr Gespräche

3.4 Wörter in verschiedenen Formen

Welche Wörter finden Sie im Text auf der Informationstafel an einem Münzfernsprecher? Kreuzen Sie an.

a.	☐ stehen	☐ gestanden	☒ -r Stand(ort)	☐ -s Stehen
b.	☐ sprechen	☐ gesprochen	☐ -s Gespräch	☐ -s Sprechen
c.	☐ stören	☐ gestört	☐ -e Störung	☐ -s Stören
d.	☐ drücken	☐ gedrückt	☐ -r Druck	☐ -s Drücken
e.	☐ anzeigen	☐ angezeigt	☐ -e Anzeige	☐ -s Anzeigen
f.	☐ betragen	☐ betragen	☐ -r Betrag	☐ -s Betragen
g.	☐ nutzen	☐ genutzt	☐ -r Nutzen	☐ -s Nutzen
h.	☐ vermitteln	☐ vermittelt	☐ -e Vermittlung	☐ -s Vermitteln
i.	☐ zurückgeben	☐ zurückgegeben	☐ -e Rückgabe	☐ -s Zurückgeben
j.	☐ benutzen	☐ benutzt	☐ -e Benutzung	☐ -s Benutzen

In kurzen Informationen und auf Schildern werden viele Verben als *Substantiv* benutzt. Man nimmt dann den *Infinitiv*, groß geschrieben mit neutralem Artikel.

3 Am Apparat...

3.5 Verstehen Sie das?

Sie haben ein Fünfmarkstück eingeworfen, weil Sie länger mit einem Freund sprechen wollen. Seine Mutter ist am Apparat, Ihr Freund ist nicht zu Hause. Das Gespräch ist zu Ende, und es sind noch 4,50 DM im Apparat.

Jetzt müssen Sie diese Texte verstehen:

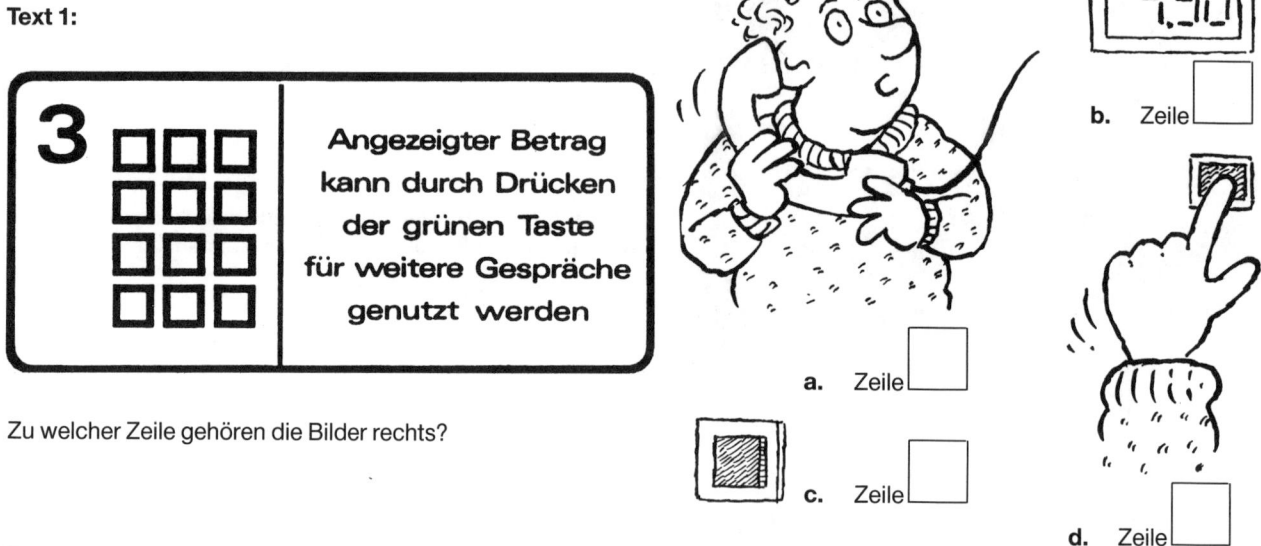

Text 1:

> 3 ▢▢▢ / ▢▢▢ / ▢▢▢ / ▢▢▢ Angezeigter Betrag kann durch Drücken der grünen Taste für weitere Gespräche genutzt werden

Zu welcher Zeile gehören die Bilder rechts?

a. Zeile ▢
b. Zeile ▢
c. Zeile ▢
d. Zeile ▢

Text 2:

> Keine Telegramme, keine handvermittelten Gespräche, keine Rückgabe des Restbetrages von 1,– DM- und 5,– DM-Münzen.

Was heißt das? _____

_____

_____

_____

3.6 Richtig oder falsch?

		r	f
a.	Ich kann meiner Mutter von hier ein Telegramm schicken.	▢	☒
b.	Ich telefoniere für 2,60 DM, habe aber ein Fünfmarkstück im Apparat. Das Geld ist weg.	▢	▢
c.	Ich habe zwei Mark zwanzig in den Apparat geworfen. Ich telefoniere nur für eine Mark. Der Rest kommt zurück.	▢	▢
d.	Ich brauche die Telefonnummer von einem Freund in Schweden. Ich wähle dann die Nummer 00118.	▢	▢
e.	Der Apparat ist kaputt. Ich höre nichts. Dann rufe ich von hier die Nummer 1171 an.	▢	▢

Am Apparat... [3]

3.7 Sie sind in Deutschland und wollen telefonieren

a. Aus welchen Städten sind die folgenden Nummern:

1. 069-45 79 37 _____

2. 06422-22 13 _____

3. 04131-33 39 98 _____

b. Sie sind in Frankfurt/Main und wollen die erste Nummer von oben (*a.1.*) anrufen. Welche Zahlen wählen Sie dann?

c. Ein Freund hat Ihnen seine Telefonnummer so angegeben: 02306/5666. Von wo können Sie ohne die Vorwahlnummer 02306 anrufen?

d. Es gibt verschiedene Tonsignale, die man am Telefon hört. Machen Sie eine Liste der Tonsignale und beschreiben Sie ganz kurz, was sie bedeuten.

e. Glauben Sie, daß Sie die Zahlen aus der Spalte *AFeB Nr.* brauchen? Warum?

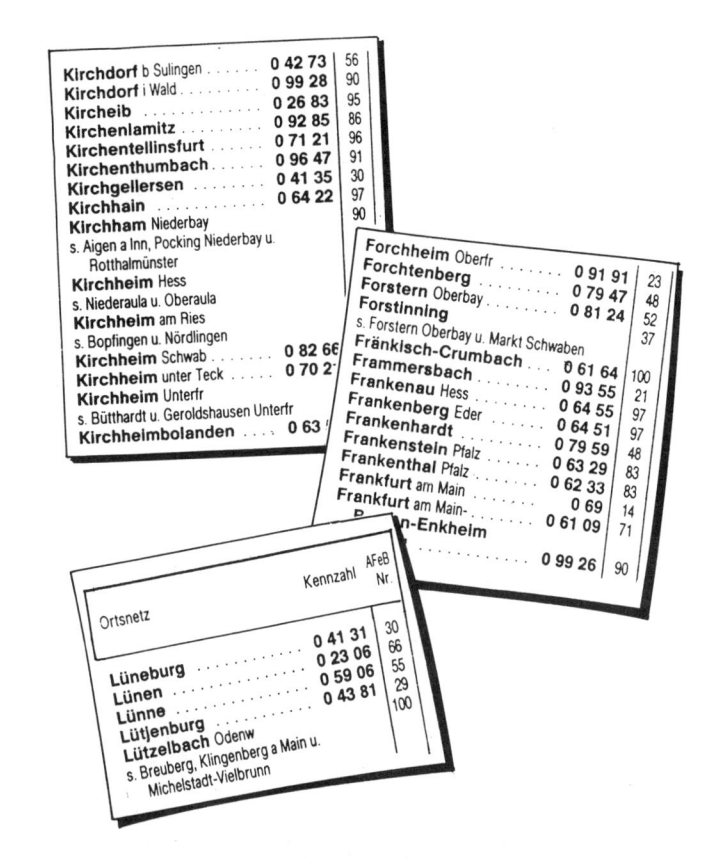

3.8 Was kann die grüne Taste?

Öffentliche Münzfernsprecher haben eine kleine, grüne Taste. Aber wer weiß, was diese Taste kann?

a. Ganz einfach: Wer für ein längeres Gespräch eine Fünf-Mark-Münze einwirft, aber nur 2,20 DM verbraucht, drückt nach dem Ende des Gesprächs die grüne Taste, wirft 2,20 DM nach und legt dann den Hörer auf. Die 5,– DM kommen wieder heraus.

b. Die grüne Taste kann noch mehr: Ist der Anschluß besetzt, den Hörer nicht auflegen, sondern die grüne Taste drücken. Die Münzen bleiben im Apparat, und man kann neu wählen.

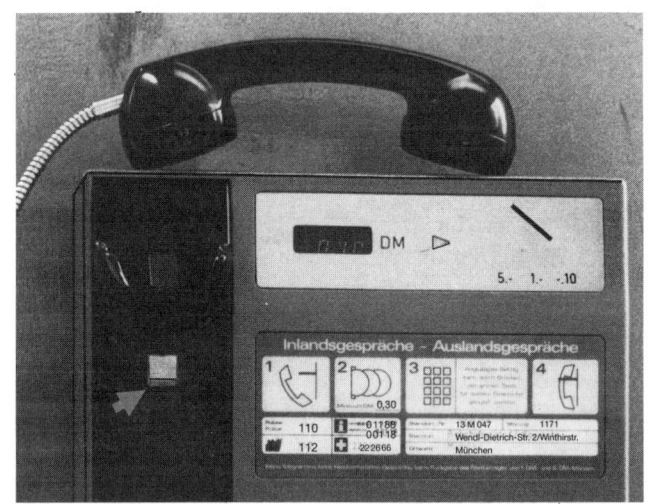

Gehören diese Bilder zu Funktion *a.* oder *b.*? Ordnen Sie in richtiger Reihenfolge.

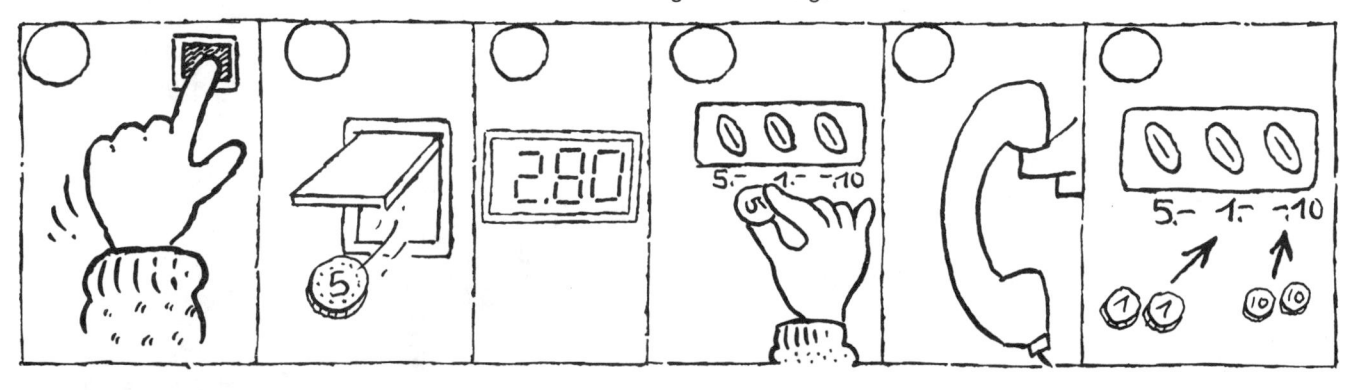

3 Am Apparat...

3.9 Welche Zahlen wählen Sie, wenn Sie

a. aus Madrid Frau Stein in Frankfurt anrufen? Sie hat die Nummer 19 36 04.

_____

b. aus Rom Herrn Müller in München anrufen? Er hat die Nummer 67 34 28.

_____

c. aus Oslo Herrn Hansen in Hamburg anrufen? Er hat die Nummer 47 77 68.

_____

3.10 In welchem Land stehen die Telefonzellen?

a.   b.   c.

a. Für 1 Minute im Selbstwählferndienst zahlen Sie nicht mehr als 8 Kronen.

b. Für 1 Minute im Selbstwählferndienst zahlen Sie nicht mehr als etwa 95 Peseten, zuzüglich 40 Peseten je Gespräch.

c. Für 1 Minute im Selbstwählferndienst zahlen Sie etwa 685 Lire.

3.11 Welches Foto zu welchem Text?

a. In der Telefonzelle rechts kann man sich anrufen lassen.

   Foto Nr. _____

b. Hier kann man nur telefonieren, wenn der Postbeamte am Schalter das Gespräch vermittelt. Foto Nr. _____

c. Hier kann man anrufen und sich anrufen lassen.

   Foto Nr. _____

d. Auf dieser Informationstafel steht, wie man einen Notfall meldet.

   Foto Nr. _____

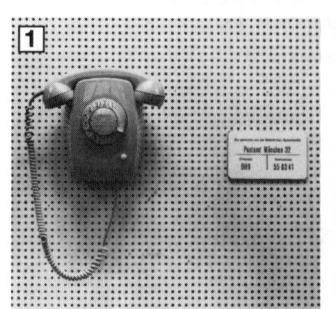

Die Telefon-Information für Italien-Reisende.

So einfach ist es, zu Hause anzurufen:
Von öffentlichen Telefonen und von Telefonzellen; sie sind mit einem gelben Wählscheibenkreis mit Telefon-Symbol gekennzeichnet. Einige Gebiete Italiens sind noch nicht dem Selbstwählferndienst angeschlossen.

Zuerst die Vorwahlnummer 0049 der Bundesrepublik Deutschland wählen.

Dann die Ortsnetzkennzahl ohne die erste 0. Für München also nicht 089, sondern 89.

Dann die Anschlußnummer des Teilnehmers. Probieren Sie ...
in Münch...

für Spanien-Reisende.

So einfach ist es, zu Hause anzurufen:
Von allen öffentlichen Telefonen in Fernsprechbüros und von Telefonzellen. Selbstwahl in allen Urlaubsgebieten und von vielen weiteren Orten.

Zuerst die Vorwahlnummer 07 (erneuten Wählton abwarten) 49 der Bundesrepublik Deutschland wählen.

Dann die Ortsnetzkennzahl ohne die erste 0. Für Frankfurt a. M. also nicht 069, sondern 69.

Dann die Anschlußnummer...

für Norwegen-Reisende.

So einfach ist es, zu Hause anzurufen:
Von öffentlichen Telefonen in Postämtern, besonders gekennzeichneten Privathäusern und von Telefonzellen.

Zuerst die Vorwahlnummer 0 95 49 der Bundesrepublik Deutschland wählen.

Dann die Ortsnetzkennzahl ohne die erste 0. Für Hamburg also nicht 0 40, sondern 40.

Dann die Anschlußnummer des Teilnehmers.

Ruf doch mal an!

Post — damit Sie in Verbindung bleiben

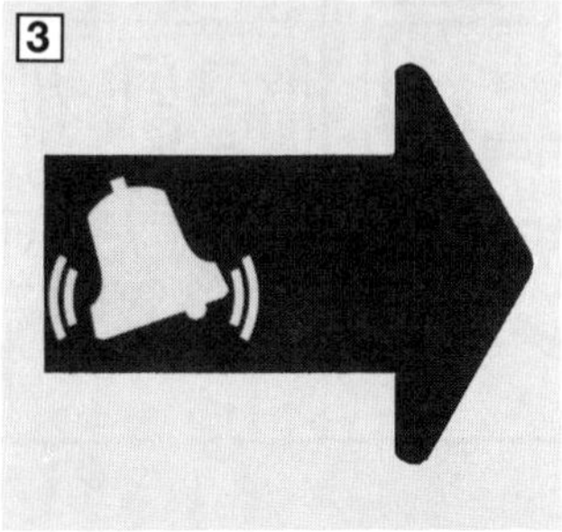

Hier Geld einwerfen! 4

4.1

Pierre, ein 22jähriger Franzose, ist seit zwei Tagen in Deutschland. Heute will er zum ersten Mal mit dem Zug fahren. Am Schalter im Bahnhof stehen viele Leute, und Pierre hat nicht viel Zeit. Er sieht einen Automaten, auf dem FAHRAUSWEISE steht. Pierre kann schon etwas Deutsch, aber beim Lesen der vielen Instruktionen hat er noch Schwierigkeiten. Er schaut auf seinen Zettel vom Reisebüro: „IC ab Mü. 9.45 Uhr, an Nbg. 10.20 Uhr. IC ab Nbg. Hbf. 21.11 Uhr, an Mü. Hbf. 22.43 Uhr."

Was muß Pierre nun machen?

4.2

Fahrausweise

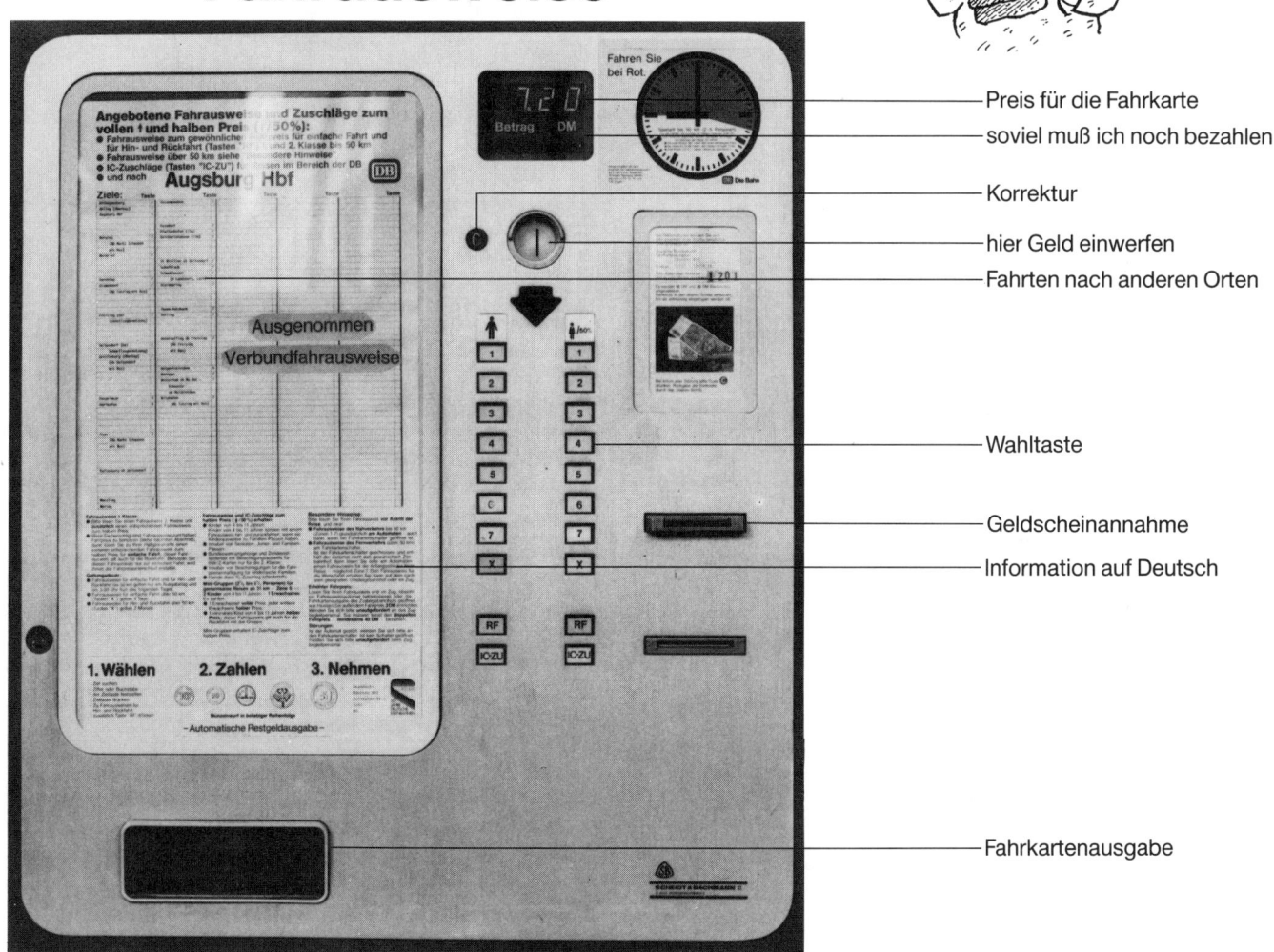

- Preis für die Fahrkarte
- soviel muß ich noch bezahlen
- Korrektur
- hier Geld einwerfen
- Fahrten nach anderen Orten
- Wahltaste
- Geldscheinannahme
- Information auf Deutsch
- Fahrkartenausgabe

4.3 Was heißt das?

-r Fahrausweis(e)	-e Fahrkarte(n)
-r Zuschlag("e)	ein Extrapreis für Intercity-Züge
gewöhnlich	normal
einfache Fahrt	nur Hinfahrt, nicht zurück
-e Hin- und Rückfahrt	hin und zurück fahren
einen Fahrausweis lösen	eine Fahrkarte kaufen
-e Geltungsdauer	wie lange etwas gilt/gültig ist
-r Erwachsene(n)	Person(en) über 18 Jahre
erhöhter Fahrpreis	-e Fahrkarte kostet mehr
-e Taste (n)	-r Knopf("e), auf den man drücken muß
-e Ziffer(n)	-e Zahl(en)
zusätzlich	auch noch
-r Betrag ("e)	-e Geldsumme(n)

19

4 Hier Geld einwerfen!

4.4 Können Sie Pierre helfen?

a. Pierre will nach Nürnberg Hauptbahnhof. Er muß also Taste ____ drücken.

b. Er fährt mit einem IC. Er muß also auch die Taste ____ drücken.

c. Er kommt am Abend desselben Tages zurück, also muß er noch die Taste ____ drücken.

d. Er ist 22 Jahre alt. Deshalb muß er die Tasten links/rechts drücken.

e. Was die Fahrkarte kostet, sieht er in dem Fenster, auf dem _____ steht.

f. Wenn er kein Kleingeld hat, kann er | auch | mit Banknoten (Geldscheinen) bezahlen.
                                       | nicht |

4.5 Können Sie auch Frau Hausner helfen?

Sie möchte mit ihrer 6jährigen Tochter für ein paar Stunden zu ihren Eltern nach Vach fahren. Sie fährt mit einem Eilzug.

a. Für sich selbst drückt sie die Tasten links/rechts ____ und ____ .

b. Für ihre Tochter drückt sie die Tasten links/rechts ____ und ____ .

c. Kann sie erst die Tasten für beide Fahrkarten drücken und dann beide zusammen zahlen?

d. Welche Taste kann Frau Hausner drücken, wenn sie die Taste „IC-ZU" gedrückt hat und das korrigieren will?

4.6 Jetzt sind Sie fast schon „Experte" für Fahrausweisautomaten. Also: welche Fahrscheine?

a. Familie Müller (Vater, Mutter, zwei Kinder von 5 und 8 Jahren) wollen für einen Tag nach Schwabach fahren. Gibt es für sie einen speziellen Tarif? Wie heißt er?

b. Herr Klug möchte in eine Disko in Neumarkt. Bis wann muß er spätestens wieder zurück sein, wenn er keine neue Fahrkarte kaufen will?

c. Gustav Kienbaum verreist immer mit seinem Hund. Muß er für den Hund bezahlen? Wenn ja, wieviel?

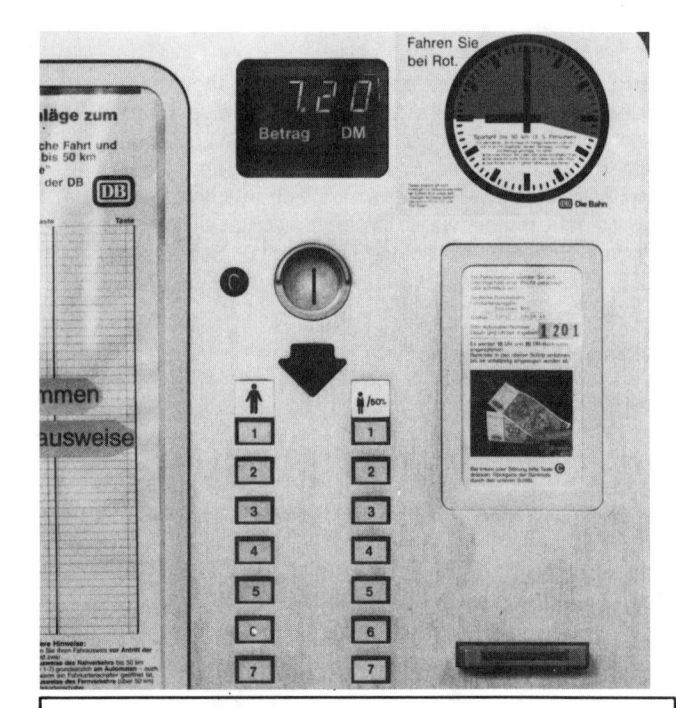

Hier Geld einwerfen! [4]

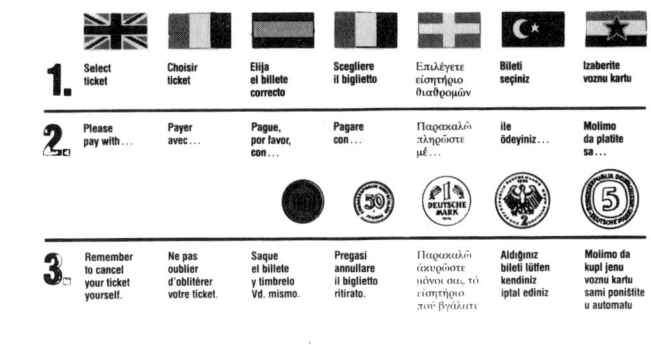

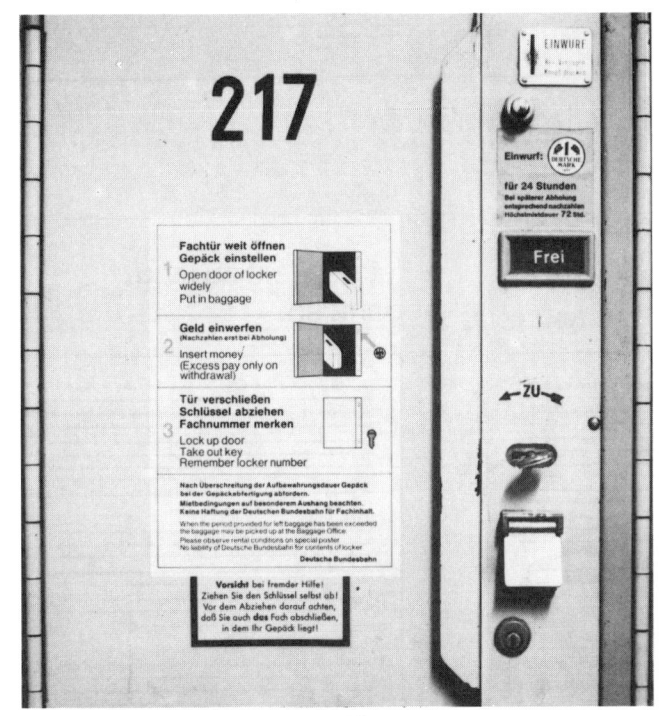

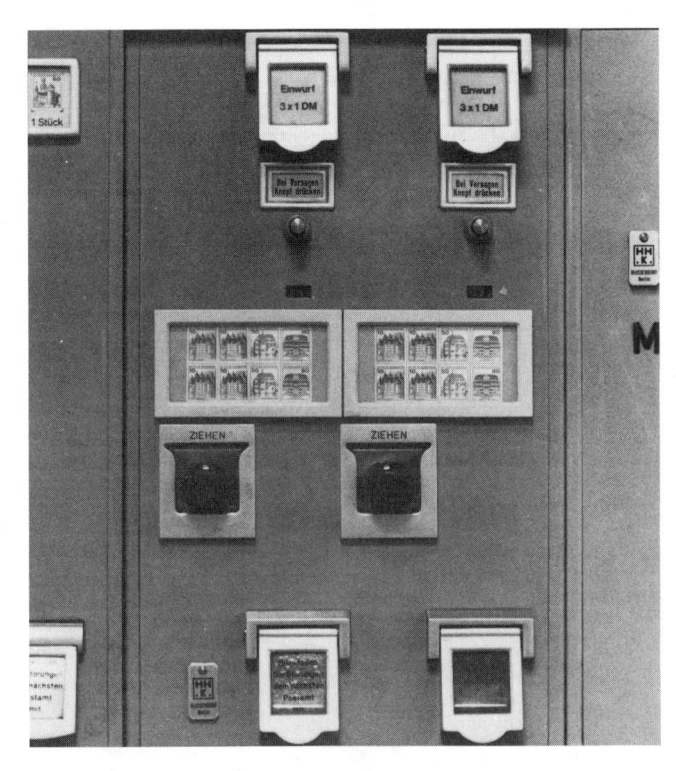

4.7 Das heißt auf Deutsch:

1. _W_____
2. _____
3. _____

4.8 An diesem Automaten ...

a.
A ☐ kann ich einen Koffer kaufen.
B ☐ muß ich eine Mark einwerfen.
C ☐ kann ich mein Gepäck einschließen.
D ☐ kann ich 24 Stunden parken.

b. Das ist also ein _G_____

c. Man findet es in einem ...
A ☐ Krankenhaus
B ☐ Flughafen
C ☐ Kaufhaus
D ☐ Bahnhof

4.9 Man muß so vorgehen:

a. Zuerst muß man

b. und dann _____.

c. Danach muß man _____,

d. dann _____ wieder _____,

e. den S_____ abziehen und die Nummer nicht vergessen! (Wenn ich ihn verliere, dann ...)

4.10 Was passiert, wenn

a. ... ich nach 48 Stunden mein Gepäck herausholen will?
b. ... ich nach 4 Tagen mein Gepäck herausholen will?

4.11 An diesem Automaten

a.
A ☐ kann ich Geld wechseln.
B ☐ kann ich Postkarten kaufen.
C ☐ muß ich Geld einwerfen und dann ziehen.
D ☐ kann ich Briefmarken kaufen.
E ☐ brauche ich 50-Pfennig-Stücke und 10-Pfennig-Stücke.

b. Dieser Automat heißt _B_____

| L |

Lesetips

Vor dem Lesen:

- Gehen Sie <u>aktiv</u> an den Text.
- Identifizieren Sie die Textsorte (Rezept, Annonce, Roman).
- Was ist das Thema?
- Was weiß ich schon über das Thema?
- Warum lese ich den Text?

Beim Lesen:

- Nicht beim <u>ersten unbekannten</u> Wort stoppen, weiterlesen!
- Benutzen Sie <u>noch nicht</u> das Wörterbuch.
- Lesen Sie den Text so:

langsam   oder   schnell

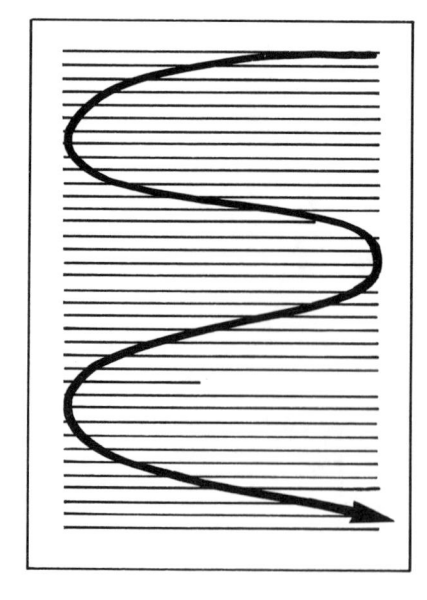

- Ist der Text zu lang, dann so:

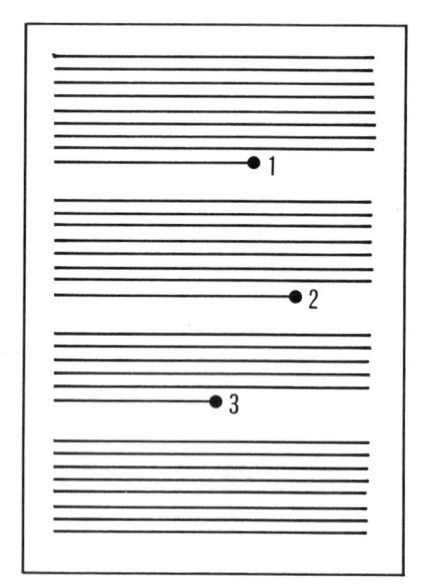

- Konzentrieren Sie sich zuerst auf <u>bekanntes</u> Vokabular!
- Arbeiten Sie mit Textmarker, Bleistift und Radiergummi.
- Keine Angst vor unbekannten Texten.

Wenn Sie so lesen, dann wissen Sie schnell:

⇨ Ich will weiterlesen.
⇨ Der Text ist zu schwer.
⇨ Der Text ist nicht interessant.

Medikament-Information 5

5.1 Fachchinesisch, Dosisangaben, Furcht vor Nebenwirkungen

Immer Ärger mit dem Beipackzettel

Was ist eigentlich ein Beipackzettel?

Wenn Sie in Deutschland ein Medikament kaufen, lassen Sie sich nicht verwirren. Lesen Sie gezielt!

5.2 Überlegen Sie:

Ich habe ein Medikament gegen Erkältung gekauft. Was interessiert mich jetzt wirklich?

		wichtig	interessant	unwichtig
a.	Wie oft muß ich es nehmen?	☐	☐	☐
b.	Welche Firma hat es produziert?	☐	☐	☐
c.	Wann muß ich es nehmen?	☐	☐	☐
d.	Wie muß ich es einnehmen?	☐	☐	☐
e.	Was ist in dem Medikament (chemische Zusammensetzung)?	☐	☐	☐
f.	Welche Farbe hat das Medikament?	☐	☐	☐
g.	Wieviel darf ich davon nehmen?	☐	☐	☐

5 Medikament-Information

5.3 Überlegen Sie:

a. Gibt es diese Informationen über Medikamente auch in Ihrem Land?
b. Haben alle Medikamente in Ihrem Land Beipackzettel?
c. Lesen Sie diese Zettel in Ihrer Muttersprache?
d. Verstehen Sie diese Zettel in Ihrer Muttersprache?
e. Welche Informationen sind auf diesem Zettel?

5.4 Medikamente

Darreichungsform	Anwendung	Hinweise
Tabletten	schlucken, werden eingenommen	mit/ohne Flüssigkeit unzerkaut/zerkaut
Kapseln	wie bei *Tabletten*	
Salbe	einreiben, auftragen	äußerlich
Tropfen	schlucken	innerlich
Zäpfchen	werden eingeführt, einführen	rektal/vaginal
Spritze	Injektion	nur durch den Arzt
	– unter die Haut	= subcutan
	– in den Muskel	= intramuskulär (i.m.)
	– in die Vene	= intravenös (i.v.)

5.5 Unter welchem Wort steht das?

a. Wann hilft das Medikament?
b. Wann muß man es nehmen?
c. Was ist in dem Medikament?
d. Wann darf ich das Medikament nicht nehmen?
e. Wieviel muß ich nehmen?
f. Wie wirkt das Medikament?
g. Was kann zusätzlich durch das Medikament geschehen?
h. Wer ist der Hersteller?

Wichtige Information · Aufmerksam lesen!

GRIPPOCAPS-N

gegen Erkältungskrankheiten und Schnupfen

Gebrauchsinformation

Zusammensetzung:
Aethoxybenzamid (Ethenzamid)   100 mg
Paracetamol   100 mg
Norfenefrin-HCl   3 mg
Ascorbinsäure (Vitamin C)   50 mg
Diphenylpyralinhydrochlorid   2 mg
Oxeladincitrat   5 mg

Eigenschaften:
GRIPPOCAPS-N ist ein Kombinationspräparat, dessen Wirkstoffe so dosiert und aufeinander abgestimmt sind, daß es bei rechtzeitiger Einnahme Erkältungskrankheiten verhütet, bei ausgebildetem Krankheitsbild die Symptome rasch zum Abklingen bringt und dadurch den Verlauf der Krankheit abkürzen kann.

Wirkungsweise:
Aethoxybenzamid befreit von Gelenk- und Muskelschmerzen.
Paracetamol besitzt sowohl schmerzstillende als auch fiebersenkende Eigenschaften und ist durch sehr gute Verträglichkeit ausgezeichnet.
Norfenefrin sorgt für eine ausreichende Gefäßspannung und hält den Blutdruck bei Kreislaufbelastung stabil.
Vitamin C erhöht die Widerstandsfähigkeit des Organismus gegen Infektionen.
Diphenylpyralin behebt die allergischen Begleiterscheinungen und Oxeladincitrat hat eine hustenreiz-dämpfende Wirkung.
GRIPPOCAPS-N ist ein Präparat, das den Forderungen der modernen Therapie bei grippalen Infekten entspricht.
Es wirkt schnell, ist magenfreundlich und wirkt zuverlässig.

Indikationen:
Verhütung und Behandlung von Erkältungskrankheiten, grippale Infekte, Katarrhe der Atemwege, Schnupfen mit den Begleitsymptomen Husten, Schleimhautschwellung, Fieber und Schmerzen.

Dosierungsanleitung:
Falls vom Arzt nicht anders verordnet, nehmen
Erwachsene
am 1. Tag: 3 mal 2 Kapseln
am 2. Tag: morgens und mittags je 2 Kapseln, abends: 1 Kapsel
an den folgenden Tagen bis zum Abklingen der Erkältung:
3 mal 1 Kapsel nach dem Essen unzerkaut mit Flüssigkeit.
Jugendliche ab 10 Jahren
1 – 2 mal täglich 1 Kapsel.
UNZERKAUT mit reichlich Flüssigkeit SCHLUCKEN.
(nicht kauen und nicht lutschen)

Kontraindikationen:
Schwere Nierenfunktionsstörungen, genetisch bedingter Mangel an Glucose-6-Phosphat-Dehydrogenase, Thyreotoxicose, Phäochromozytom, Engwinkelglaucom.

Besonderer Hinweis:
Aus grundsätzlichen Erwägungen sollen Arzneimittel im ersten Trinemon der Schwangerschaft nur mit Zurückhaltung angewendet werden.

Warnhinweis:
Dieses Arzneimittel kann die Konzentrationsfähigkeit einschränken, was bei Patienten, deren Tätigkeit besondere Aufmerksamkeit erfordert – z.B. Autofahrern und Maschinenarbeitern – zu beachten ist. Dies gilt besonders im Zusammenhang mit Alkohol.

Lagerhinweis:
Vor Feuchtigkeit schützen.

Aufbewahrungshinweis:
Nicht in Badezimmern lagern.

Handelsform:
OP mit 20 und 100 Kapseln
AP mit 1000 Kapseln (BP)

Apothekenpflichtig

Verpackung:
GRIPPOCAPS-N ist modern und hygienisch verpackt. Streifen in beide Hände nehmen: mit dem Daumen auf die in Klarsichtfolie eingesiegelte Kapsel drücken. Die Metallfolie öffnet sich und die Kapsel fällt unberührt heraus.

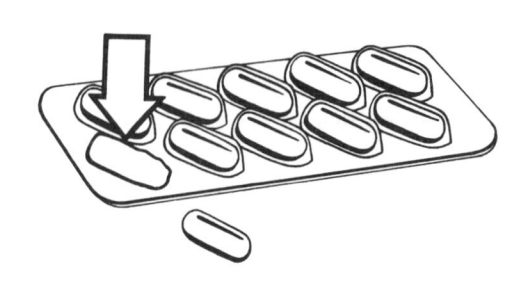

blanco pharma

BLANCOPHARMA
Pharmazeutische Präparate GmbH
3422 Bad Lauterberg im Harz
Postfach 460

Arzneimittel sorgfältig aufbewahren · Vor Kindern sichern

Medikament-Information 5

5.6 Versthen Sie das?

Text 1

Briten und Amerikaner haben das Dilemma um solche Gebrauchsanweisungen auf ihre Art gelöst. Die Engländer schafften ihn ganz ab, der Patient wird vom Arzt informiert. In Amerika kann der Patient den Beipackzettel bekommen, wenn er danach verlangt. Der Zettel ist nach einem neuen Muster entworfen. Ausdrücklicher Vermerk: Wenn Sie weitere Fragen haben, wenden Sie sich an den Arzt oder Apotheker!
In der Bundesrepublik ist um den Beipackzettel nicht herumzukommen. Denn das Bundesgesundheitsamt will es so.

Text 2

Die meisten Ärzte haben in ihren Praxen gar keine Zeit, um dem Patienten die verschiedenen Kontraindikationen (Gegenanzeigen) eines Medikaments zu erklären. Ich halte deshalb die Informationen auf dem Beipackzettel schon für notwendig. Sie sollten nur verständlich und überschaubar sein.

Text 3

„Es gibt Eltern", so Dr. Dinnendahl, „die ihrem Kind bei einer Ohrenerkrankung ein schmerzlinderndes Zäpfchen ins Ohr einführen, anstatt in den Darm". Oder Gastarbeiter und Bundesbürger, die den Text ebensowenig verstehen, trinken Einreibemittel gegen Rheuma.

Steht das in einem der Texte?

	ja, Nr.	nein
a. Viele Leute machen Fehler, wenn sie Medikamente nehmen.		
b. Die Texte auf den Beipackzetteln sind verständlich und klar.		
c. In England gibt es keine Beipackzettel mehr.		
d. In den USA bekommt man den Beipackzettel nur, wenn man danach fragt.		
e. In der Bundesrepublik Deutschland will das Bundesgesundheitsamt die Beipackzettel haben.		
f. In Deutschland sind die Beipackzettel in chinesischer Sprache geschrieben.		

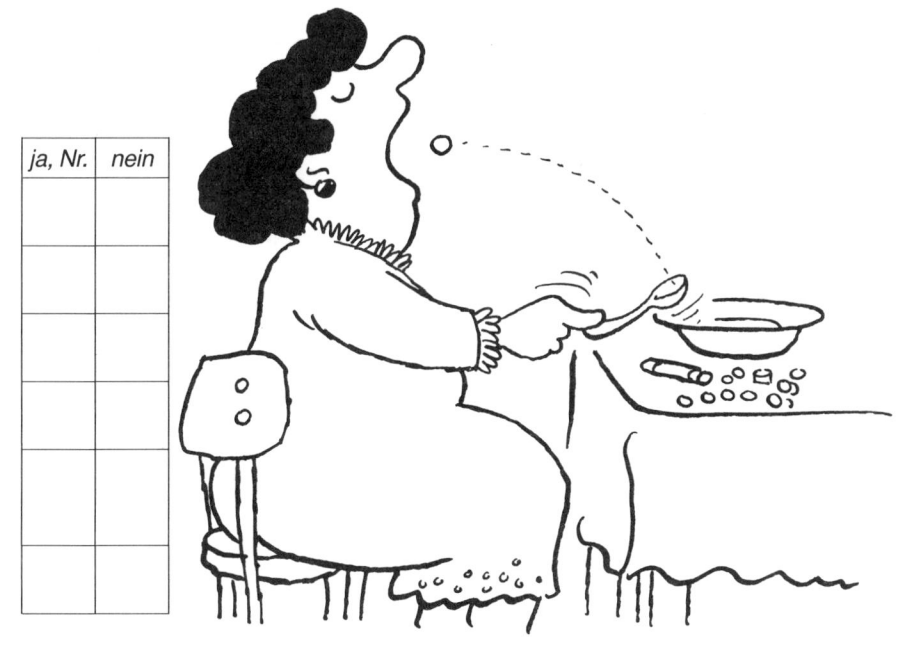

5.7 Was häufig auf Beipackzetteln steht:

Abusus	Mißbrauch	Infektion	Ansteckung, Krankheitserreger dringen in den Körper ein und vermehren sich
Anämie	Blutarmut		
Analgetikum	Mittel gegen Schmerzen	Injektion	Verabreichung einer Spritze
Anomalie	Abweichung vom Normalen, Unregelmäßigkeit	Kontraindikation	Gegenanzeige
Antibiotikum	Mittel, das Bakterien tötet	Kontrazeptivum	Mittel zur Schwangerschaftsverhütung
chronisch	schleichend, langsam verlaufend	Laktation	Stillzeit
Diabetes mellitus	Zuckerkrankheit	Laxans	Abführmittel
Diagnose	Erkennung einer Krankheit	Obstipation	Verstopfung
Diarrhoe	Durchfall	oral	durch den Mund
Dosis	Mengenangabe	Prophylaxe	Maßnahmen zur Krankheitsverhütung
Gravidität	Schwangerschaft	rektal	durch den Mastdarm (z. B. Einführung von Zäpfchen)
Hypertonie	hoher Blutdruck	Spasmolytikum	Mittel zur Lösung von Krampfzuständen
Hypotonie	niedriger Blutdruck	Suppositorium	Zäpfchen (zum Einführen in den After)
i.m. (intramuskulär)	Arzneimittel wird in den Muskel gespritzt	Symptom	Krankheitszeichen
i.v. (intravenös)	Arzneimittel wird in die Vene gespritzt	vaginal	durch die Scheide
Indikation	Anwendungsgebiet	ZNS	Zentralnervensystem

Medikament-Information

L 789 010 2113

Gebrauchsinformation

Kohle-Compretten® 1021

Gegen Darmerkrankungen und Durchfall — **MERCK**

Zusammensetzung
1 Comprette enthält: Med. Kohle 0,25 g

Anwendungsgebiete
Akute Durchfälle, insbesondere bedingt durch Krankheitserreger, den Genuß von verdorbenen Nahrungsmitteln oder von ungewohnten Speisen; Reise- und Sommerdurchfälle.

Wechselwirkungen
Kohle-Compretten sollen nicht gleichzeitig mit anderen Arzneimitteln eingenommen werden, da deren Wirkung vermindert werden kann.

Dosierung
Soweit nicht anders verordnet 3 Kohle-Compretten 3mal täglich auf leeren Magen. Bei Bedarf können auch größere Mengen eingenommen werden.

Art der Anwendung
Die Compretten sollen unzerkaut mit etwas Flüssigkeit eingenommen werden. Die Einnahme der Kohle-Compretten muß solange fortgesetzt werden, bis der Stuhl wieder normal (geformt) ist.

® = Registriertes Warenzeichen

Sehr wichtig ist es, bei allen Durchfallerkrankungen den Wasser- und Salzverlust zu ersetzen. Es muß deshalb möglichst viel getrunken werden. Da Zucker die Flüssigkeitsaufnahme steigert, soll Tee gesüßt werden. Besser und bequemer in der Anwendung sind zuckerhaltige zimmerwarme (!) Limonaden (z. B. Cola-Limonaden). Zum Ausgleich des Salzverlusts wird Salzzugabe in die Limonade (1 Teelöffel auf 1 Liter) empfohlen. Wahlweise kann auch Salzgebäck gegessen werden.

Arzneimittel für Kinder unzugänglich aufbewahren

Hinweise
Durchfallerkrankungen, bei denen das Allgemeinbefinden stärker gestört ist oder bei denen Blut im Stuhl auftritt, erfordern die Hinzuziehung eines Arztes. Sie ist auch dann notwendig, wenn trotz Anwendung von Kohle-Compretten der Durchfall nicht innerhalb von 3-4 Tagen beseitigt ist.
Da die Kohle wieder ausgeschieden wird, färbt sich der Stuhl dunkel bis schwarz.

Darreichungsformen und Packungsgrößen Kohle-Compretten®
Packungen mit 20 und 50 Compretten

Außerdem

Kohle-Granulat
Packungen mit 12 und 24 Beuteln
Ferner Anstaltspackungen

Vertrieb: Merck Produkte, Darmstadt

5.8 Was steht auf den Beipackzetteln?

Name	wogegen?	wann?	wie?	wieviel?
Grippocaps	Erkältung Grippe	morgens, mittags, abends	unzerkaut mit Flüssigkeit	1. 3x2 2. 2x2+1x1 3. 3x1 (nach d. Essen)
Kohle-Compretten				

Nehmen Sie zur Zeit irgendein Medikament? Wenn ja, schreiben Sie den Namen des Medikaments und alle anderen Informationen in die freien Kästchen.

Wörterbuch 6

6.1 Haben Sie eins?

Wenn man eine Fremdsprache lernt, kauft man sich bald ein Wörterbuch – meistens ein zweisprachiges. Das ist bequemer zu benutzen. Aber mit einem einsprachigen Wörterbuch lernt man mehr – und man versteht es auch gut.

Probieren Sie es einmal mit diesem Teil aus dem *Wörterbuch der deutschen Sprache*, dem *Kleinen Wahrig* (dtv, München 1978).

6.2 Sehen Sie nach:

a. Diese Wörter sind falsch geschrieben. Wie schreibt man sie richtig?

Bächer _Becher_

Beken _____

Bedachd _____

bedechtig _____

b. Wie heißt der Artikel von diesen Substantiven?

der Becher _____ Becken

_____ Bedacht _____ Bedarf

c. Wie trennt man die Wörter?

bebauen _be-bau-en_

bedanken _____

beauftragen _____

d. Wie heißt der Plural von *Bedarf*?

_____

e. Heißt es *Ich bedanke mir bei dich* oder *Ich bedanke mich bei dir*?

f. Wie spricht man das Wort *beauftragen*?

g. Heißt es *Er hat seine Frau beauftragt* oder *Er hat seiner Frau beauftragt*?

Sie sehen, man kann schon als Anfänger viele Dinge in einem einsprachigen Wörterbuch nachsehen.
Sie haben bis jetzt nur einfache, formale Aufgaben gelöst.
Wenn man die Bedeutung von unbekannten Wörtern nachschlagen will, muß man ein wenig mehr wissen.

Wörterbuch

6.3 Was bedeuten die Zahlen, Abkürzungen und Zeichen?

Hier ist eine Spalte aus dem *Wörterbuch der deutschen Sprache,* dem *Kleinen Wahrig,* herausgegeben von Gerhard Wahrig (dtv, München 1978). Hier sind die wichtigsten Zeichen, Abkürzungen und Symbole erklärt. Diese sollten Sie verstehen, damit Sie leichter mit einem deutsch-deutschen Wörterbuch arbeiten können.

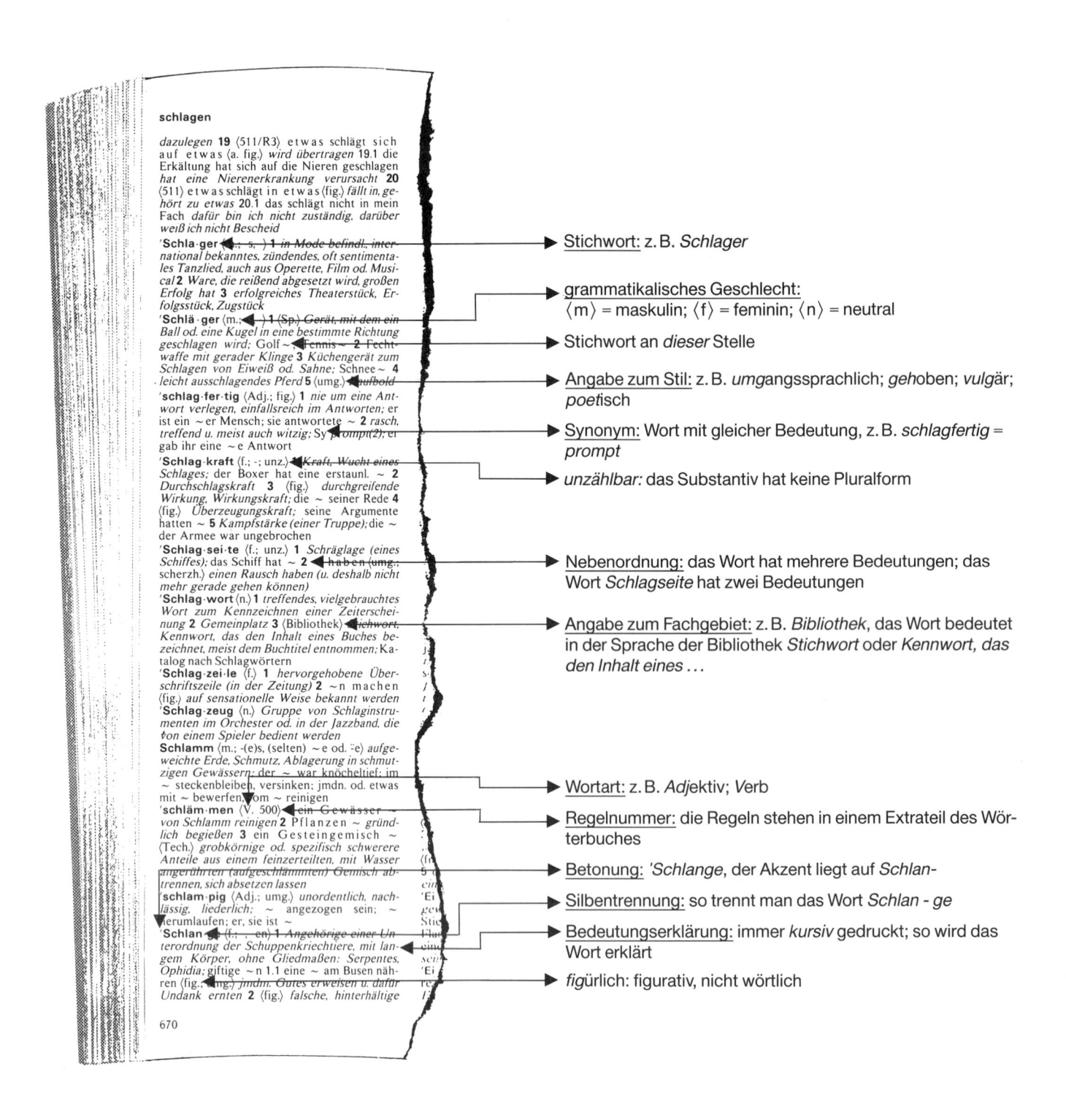

schlagen

dazulegen **19** ⟨511/R3⟩ etwas schlägt sich auf etwas ⟨a. fig.⟩ *wird übertragen* **19.1** *die Erkältung hat sich auf die Nieren geschlagen hat eine Nierenerkrankung verursacht* **20** ⟨511⟩ etwas schlägt in etwas ⟨fig.⟩ *fällt in, gehört zu etwas* **20.1** *das schlägt nicht in mein Fach dafür bin ich nicht zuständig, darüber weiß ich nicht Bescheid*

'**Schla·ger** ⟨m.; -s, -⟩ **1** *in Mode befindl., international bekanntes, zündendes, oft sentimentales Tanzlied, auch aus Operette, Film od. Musical* **2** *Ware, die reißend abgesetzt wird, großen Erfolg hat* **3** *erfolgreiches Theaterstück, Erfolgsstück, Zugstück*

'**Schlä·ger** ⟨m.⟩ **1** ⟨Sp.⟩ *Gerät, mit dem ein Ball od. eine Kugel in eine bestimmte Richtung geschlagen wird;* Golf~, Tennis~ **2** *Fechtwaffe mit gerader Klinge* **3** *Küchengerät zum Schlagen von Eiweiß od. Sahne;* Schnee~ **4** *leicht ausschlagendes Pferd* **5** ⟨umg.⟩ *Raufbold*

'**schlag·fer·tig** ⟨Adj.; fig.⟩ **1** *nie um eine Antwort verlegen, einfallsreich im Antworten; er ist ein ~er Mensch; sie antwortete ~* **2** *rasch, treffend u. meist auch witzig;* Sy prompt(2); *er gab ihr eine ~e Antwort*

'**Schlag·kraft** ⟨f.; -; unz.⟩ **1** *Kraft, Wucht eines Schlages; der Boxer hat eine erstaunl. ~* **2** *Durchschlagskraft* **3** ⟨fig.⟩ *durchgreifende Wirkung, Wirkungskraft; die ~ seiner Rede* **4** ⟨fig.⟩ *Überzeugungskraft; seine Argumente hatten ~* **5** *Kampfstärke (einer Truppe); die ~ der Armee war ungebrochen*

'**Schlag·sei·te** ⟨f.; unz.⟩ **1** *Schräglage (eines Schiffes); das Schiff hat ~* **2** *~ haben* ⟨umg.; scherzh.⟩ *einen Rausch haben (u. deshalb nicht mehr gerade gehen können)*

'**Schlag·wort** ⟨n.⟩ **1** *treffendes, vielgebrauchtes Wort zum Kennzeichnen einer Zeiterscheinung* **2** *Gemeinplatz* **3** ⟨Bibliothek⟩ *Stichwort, Kennwort, das den Inhalt eines Buches bezeichnet, meist dem Buchtitel entnommen;* Katalog nach Schlagwörtern

'**Schlag·zei·le** ⟨f.⟩ **1** *hervorgehobene Überschriftszeile (in der Zeitung)* **2** *~n machen* ⟨fig.⟩ *auf sensationelle Weise bekannt werden*

'**Schlag·zeug** ⟨n.⟩ *Gruppe von Schlaginstrumenten im Orchester od. in der Jazzband, die von einem Spieler bedient werden*

Schlamm ⟨m.; -(e)s, (selten) ~e od. ¨e⟩ *aufgeweichte Erde, Schmutz, Ablagerung in schmutzigen Gewässern; der ~ war knöcheltief; im ~ steckenbleiben, versinken; jmdn. od. etwas mit ~ bewerfen; vom ~ reinigen*

'**schläm·men** ⟨V. 500⟩ **1** *ein Gewässer ~ von Schlamm reinigen* **2** *Pflanzen ~ gründlich begießen* **3** *ein Gesteingemisch ~* ⟨Tech.⟩ *grobkörnige od. spezifisch schwerere Anteile aus einem feinzerteilten, mit Wasser angerührten (aufgeschlämmten) Gemisch abtrennen, sich absetzen lassen*

'**schlam·pig** ⟨Adj.; umg.⟩ *unordentlich, nachlässig, liederlich; ~ angezogen sein; ~ herumlaufen; er, sie ist ~*

'**Schlan·ge** ⟨f.; -, -n⟩ **1** *Angehörige einer Unterordnung der Schuppenkriechtiere, mit langem Körper, ohne Gliedmaßen: Serpentes, Ophidia; giftige ~* **1.1** *eine ~ am Busen nähren* ⟨fig.; umg.⟩ *jmdm. Gutes erweisen u. dafür Undank ernten* **2** ⟨fig.⟩ *falsche, hinterhältige*

670

- **Stichwort:** z. B. *Schlager*
- **grammatikalisches Geschlecht:** ⟨m⟩ = maskulin; ⟨f⟩ = feminin; ⟨n⟩ = neutral
- **Stichwort** an *dieser* Stelle
- **Angabe zum Stil:** z. B. *umg*angssprachlich; *geh*oben; *vulg*är; *poet*isch
- **Synonym:** Wort mit gleicher Bedeutung, z. B. *schlagfertig = prompt*
- **unzählbar:** das Substantiv hat keine Pluralform
- **Nebenordnung:** das Wort hat mehrere Bedeutungen; das Wort *Schlagseite* hat zwei Bedeutungen
- **Angabe zum Fachgebiet:** z. B. *Bibliothek*, das Wort bedeutet in der Sprache der Bibliothek *Stichwort* oder *Kennwort, das den Inhalt eines ...*
- **Wortart:** z. B. *Adjektiv; Verb*
- **Regelnummer:** die Regeln stehen in einem Extrateil des Wörterbuches
- **Betonung:** '*Schlange*, der Akzent liegt auf *Schlan-*
- **Silbentrennung:** so trennt man das Wort *Schlan - ge*
- **Bedeutungserklärung:** immer *kursiv* gedruckt; so wird das Wort erklärt
- *fig*ürlich: figurativ, nicht wörtlich

28

Wörterbuch 6

6.4 Hier ist ein Textausschnitt
aus der *Jugendscala* vom Oktober 1983.

An einem kalten Morgen im November sieht Petra auf der Terrasse vor ihrem Haus einen Igel. Das ist seltsam, denn eigentlich halten die Igel im November Winterschlaf. Dieser Igel ist wohl krank. Petra holt dicke Handschuhe und trägt den Igel ins Haus.
Zuerst legt sie das Tier auf die Waage: nur 529 Gramm – viel zuwenig für einen gesunden Igel. Das kleine Tier braucht also Hilfe. Petra badet den Igel in warmem Wasser und wäscht ihn mit Haarshampoo. Der Igel rollt sich zusammen und streckt seine Stacheln in alle Richtungen. Petra legt ihn in ein warmes Handtuch. Da schaut er wieder vorsichtig hervor.
Danach gibt Petra dem kleinen Gast ein feines Frühstück: Hackfleisch und frisches Wasser. Igel essen auch gerne Hunde- und Katzenfutter, Haferflocken, Fisch und Eier. Aber dieser Igel will nichts essen. Petra bringt ihn zu einem Tierarzt. Der meint: Der Igel hat Würmer. Das Stacheltier bekommt eine Spritze. Zwei Wochen lang muß Petra nun den Igel pflegen. Dann hat er wieder sein normales Gewicht: 800 Gramm.

In dem Text gibt es sicher einige Wörter, die Sie nicht kennen. Was haben Sie aber trotzdem verstanden?

Im November findet *Petra* _____

vor ihrem Haus _____. Sie denkt, er ist

krank. Sie bringt ihn _____
und

macht etwas mit ihm. Er hat keinen _____,
und so geht Petra mit ihm zu einem

_____. Der gibt dem Tier etwas. Am

Ende hat das Tier wieder _____:
800 Gramm.

Einige unbekannte Wörter kann man ohne Wörterbuch ungefähr verstehen.

Beispiel: In dem Satz *Zwei Wochen lang muß Petra nun den Igel pflegen* verstehen Sie das Wort *pflegen* nicht. Überlegen Sie: Das Tier ist krank. Was machte Ihre Mutter mit Ihnen, wenn Sie krank waren? Was macht eine Krankenschwester im Krankenhaus mit den Patienten? Der Igel ist Petras Patient. Was macht Petra zwei Wochen lang mit ihm?

Also: *pflegen* heißt _____

Probieren Sie dasselbe mit diesen Wörtern ohne Wörterbuch!

Waage: _____

seltsam: _____

Hackfleisch: _____

Handschuhe: _____

baden: _____

zusammenrollen: _____

6.5 Jetzt lesen Sie den Text 6.4 noch einmal:
Unterstreichen Sie alle Wörter, die Sie nicht kennen. Benutzen Sie das Miniwörterbuch *6.6*.

a. Welches Beispiel unter dem Stichwort *pflegen* sagt genau das, was es im Text bedeutet?
b. Hat das Wort *Würmer* im Text die Bedeutung von *der Wurm* oder *das Wurm*?
c. *Ein feines Frühstück:* unter dem Stichwort *fein* finden Sie fünf Bedeutungen. Welche paßt in dem Text am besten?
d. *für einen gesunden Igel:* wo sehen Sie nach? Unter dem Verb *gesunden* oder unter dem Adjektiv *gesund*?
e. Was ist ein *Igel*? Hilft Ihnen das deutsch-deutsche Wörterbuch? Brauchen Sie ein zweisprachiges Wörterbuch?
f. Welches andere Wort aus dem Wörterbuch unter *danach* kann man in diesem Text auch benutzen?
g. Sie suchen im Wörterbuch das Wort *Haferflocken,* aber das Wort steht nicht da. Wo suchen Sie dann? Finden Sie im Miniwörterbuch eine gute Erklärung?
h. Hilft Ihnen die Erklärung unter dem Stichwort *hacken* das Wort *Hackfleisch* zu verstehen?
i. Sehen sie in dem Miniwörterbuch auch einmal unter den Stichwörtern nach, die Sie schon kennen. Meinen Sie, Sie können schon mit einem deutsch-deutschen Wörterbuch arbeiten? Oder brauchen Sie noch ein zweisprachiges?

29

6.6 Miniwörterbuch

'al·so 1 ⟨Konj.⟩ 1.1 aus diesem Grund, folglich:
du kommst ~ nicht mit?; ~ los, gehen wir!; ich
habe ihn nicht gesehen, ~ ist er weggefahren
1.2 endlich, schließlich; er ist ~ doch gekommen 1.2.1 na ~! ich habe es doch gleich gesagt
1.2.2 ~ doch! es ist doch so, wie ich es gesagt
habe, siehst du! 1.3 ~ gut, ~ schön! nun gut!,
es sei 2 ⟨Adv.⟩ auf diese Weise, so; ~ hat Gott
die Welt geliebt; ~ sprach Zarathustra

da'nach ⟨a. ['--], bes. bei betonten Hinweisen
auf etwas Bestimmtes; Pronominaladv.⟩ 1 in
diese(r) Richtung 1.1 nach diesem hin; sie
streckte schon die Hand ~ aus 1.2 auf dieses
abzielend, gerichtet; sein Streben, Verlangen,
Wunsch ~ war stärker; er trachtet ~, dich zu
übervorteilen 1.3 dieses betreffend; ich fragte
ihn wiederholt ~, ohne eine Antwort zu erhalten; ich habe mich noch nicht ~ erkundigt 2
hierauf folgend; Ggs davor(2) 2.1 hinterher,
dann, hierauf, später; wir fahren zuerst in die
Bayerischen Alpen u. ~ halten wir uns noch
einige Tage in München auf; gleich ~ begann
die Vorstellung 2.2 im Anschluß daran, dahin-
ter; am Weg stehen erst Erlen und ~ Weiden
2.3 als nächster in der Rangfolge, an nächster
Stelle; Sieger in dem Wettbewerb war ein
Schwede, ~ kam ein Finne 3 diesem entsprechend, so; er sieht ganz ~ aus, als ob ...; er hat
früher verschwenderischer gelebt und heute
geht es ihm auch ~ ⟨umg.⟩; du solltest ~ handeln 3.1 die Ware ist billig, aber sie ist auch ~
⟨umg.⟩ entsprechend schlecht 3.2 das Wetter
ist heute nicht ~ ⟨umg.⟩ es ist ungünstig für ein
Vorhaben 3.3 richten Sie sich bitte ~! verhalten Sie sich dementsprechend!

'ei·gent·lich ⟨Adj.; 24; Abk.: eigtl.⟩ 1 tatsächlich, wirklich, in Wirklichkeit; sein ~er Name
ist ...; sein ~er Beruf ist Schlosser; die ~e
Frage ist ja die: ...; das ist ihr Künstlername, ~
heißt sie ... 2 ⟨60⟩ ursprünglich; die ~e Bedeutung dieses Wortes war ... 3 ⟨50⟩ im Grunde
genommen; ~ hast du recht; ~ sollte man sich
nicht darum kümmern; ~ wollen wir nur ein
Stündchen bleiben 4 ⟨50; verstärkend⟩ überhaupt, denn; was will er ~?; was ist ~ mit dir
los?; was ist ~ geschehen?

fein ⟨Adj.⟩ 1 sehr dünn, zart; Ggs grob(1); ~e
Scheiben Wurst schneiden; ~e Linien ziehen;
~es Garn, Gewebe, Papier; ~e Fäden, Hand-
arbeiten, Stoffe; ~es Glas 1.1 mit sehr kleinen
Zwischenräumen versehen; ein ~er Kamm;
ein ~es Sieb 1.2 aus sehr kleinen Teilen beste-
hend; ein ~er Regen; ~er Sand 1.2.1 ~ gemahlenes Mehl sehr klein gemahlenes M. 1.3
zart, zierlich; ein ~ geschnittenes Gesicht; ein
Mädchen mit ~en Gliedern 1.4 sehr klein, geringfügig; ~e Unterschiede erkennen 2 die
kleinsten Unterschiede wahrnehmend, etwas
sehr genau erfassend 2.1 genau, scharf, emp-
findlich; das Fernsehgerät ~ einstellen; ich
habe ein ~es Empfinden, Gefühl dafür; er hat
ein ~es Gehör; sie entwickelt einen ~en Ge-
schmack 2.1.1 eine ~e Nase haben für etwas
⟨fig.; umg.⟩ etwas leicht, schnell merken, ahnen
2.2 schlau, geschickt, listig; ein ~er Plan; das
habt ihr euch ~ ausgedacht 3 gut, hohe Quali-
tät aufweisend; eine besonders ~e Ware; die
~ste Sorte einer Ware; die ~ste Sorte Mehl;
bei dieser Stickerei handelt es sich um eine besonders ~e Arbeit 3.0.1 es ist das Feinste vom
Feinen ⟨fig.⟩ das Beste, Schönste, Erlesenste
3.1 ⟨Met.⟩ rein, lauter, frei von unedlen Zusät-
zen, wertvoll; ~es Gold, Silber 3.2 sehr gut, er-
lesen, vorzüglich; ~e Speisen, Weine; er liebt
die ~e Küche 3.3 prächtig, anständig; ein ~er
Bursche, Kerl 3.4 ⟨umg.⟩ elegant, gepflegt; ein
~es Kleid; sich zum Ausgehen ~ anziehen
3.4.1 sich ~ machen besonders gut anziehen,
herausputzen 3.5 ⟨umg.⟩ sehr schön, erfreulich;
~!, wie ~! (Ausruf der Freude); das ist aber ~
3.5.1 er ist jetzt ~ heraus er hat es geschafft,
es geht ihm gut 4 vornehm; eine wirklich ~e
Dame; ein ~er Herr; ~e Leute; die ~e Ge-
sellschaft; er hat ~e Verwandtschaft; eine ~e
Familie; ~e Manieren, Sitten 5 ⟨50; umg.⟩
ganz, sehr; ihr Kinder müßt bei Tisch ~ still
sein 5.1 sei du mal ~ still ⟨fig.⟩ du hast gar keinen Grund, dich zu beklagen, dich darüber auf-
zuregen

Flocke ⟨-k·k-; f.; -, -n⟩ 1 lockere kleine Masse
aus Eiskristallen; Schnee~; die ~n fallen, wir-
beln; der Schnee fällt in dichten ~n 2 kleines
Büschel aus Fasern od. Schaum; ~n von Baum-
wolle, Schafwolle, Watte 3 ⟨meist Pl.⟩ Hafer,
Kartoffel u. a. in Blättchenform; Hafer~n,
Kartoffel~n 4 lockerer Bodensatz 5 heller od.
dunkler Fleck im Fell von Haustieren, bes. am
Kopf, auch an den Füßen

'Fut·ter[1] ⟨n.; -s; unz.⟩ 1 Nahrung der Tiere, bes.
der Haustiere; Grün~, Mast~, Vogel~; dem
Vieh ~ geben; ~ schneiden; den Vögeln ~
streuen 2 ⟨umg.⟩ Essen, Speise; Studenten~

'Fut·ter[2] ⟨n.; -s, -⟩ 1 dünne Stoffeinlage, innere
Stoffschicht in Kleidungsstücken u. Taschen;
Halb~; Mantel~, Seiden~, Pelz~; seidenes,
einfarbiges ~; das ~ einnähen, einsetzen 1.1
dünnes Leder od. Lammfell zur Auskleidung
von Schuhen; Leder~ 1.2 dünnes Papier zur
Auskleidung von Briefumschlägen 2 ⟨Tech.⟩
innere Schicht, Auskleidung eines Behälters,
eines Schmelzofens usw. 3 ⟨Bauw.⟩ Holzver-
kleidung der Leibung bei Fenstern u. Türen 4
⟨Tech.⟩ Vorrichtung zum Einspannen, Festhal-
ten von Werkstücken in Maschinen; Spann~

ge'sund ⟨Adj. 22⟩ 1 frei von Krankheit, lei-
stungsfähig, kräftig; ein ~er Mensch, ein ~es
Organ; ~e Glieder haben; ein ~es Herz, eine
~e Lunge haben; uns wurde ein ~er Junge
geboren (in Geburtsanzeigen); bleiben Sie ~!;
sich ~ fühlen; jmdn. wieder ~ machen; ~
sein; er ist nicht ganz ~; frisch und ~ sein; ~
und munter; jmdn. als ~ aus dem Krankenhaus
entlassen; ~ an Leib und Seele sein 1.0.1 aber
sonst bist du ~? ⟨umg.; iron.⟩ du bist wohl nicht
ganz gescheit? 1.0.2 in ~en Tagen ⟨fig.; umg.⟩
wenn, solange man gesund(1) ist 1.1 ein ~es
Unternehmen ⟨fig.⟩ ein wirtschaftl. gut fun-
diertes U. 2 von Gesundheit zeugend; einen
~en Appetit haben; ~er Schlaf 2.1 wohl, blü-
hend, frisch; ~es Aussehen; ~e Gesichtsfar-
be; ~ aussehen 3 richtig, natürlich, normal,
vernünftig; dies ist keine ~e Entwicklung
3.0.1 der ~e Menschenverstand Vernunft,
Wirklichkeitssinn, vernünftiges, reales Denken 3.0.2 ein ~es Urteil haben Fähigkeit, richtig u. maßvoll zu urteilen 4 der Gesundheit zu-
träglich, Gesundheit bringend od. erhaltend;
~es Klima; ~e Nahrungsmittel; ~e Luft;
Obst ist ~ 5 heilsam, förderlich 5.0.1 das ist dir
ganz ~! ⟨fig.; umg.⟩ das wird dir eine Lehre
sein!

ge'sun·den ⟨V. 400(s.); geh.⟩ gesund werden;
er wird bald ~; die Wirtschaft soll durch diese
Maßnahme ~

Ge'wicht[1] ⟨n.; -(e)s, -e⟩ 1 Schwere, Kraft,
Druck eines Körpers auf seine Unterlage; ein
Päckchen darf bis zu 2 Kilo ~ haben; das hat
aber ein ~!; leichtes, schweres, spezifisches,
das zulässige ~; etwas nach ~ verkaufen 1.0.1
→ a. tot(6.3) 1.1 ⟨Reitsport⟩ Gesamtgewicht
von Reiter, Sattelzeug u. Decke 2 ⟨fig.⟩ Wich-
tigkeit, Bedeutung, Einfluß; einer Sache kein,
viel, wenig ~ beilegen, beimessen, geben; ein
Argument, eine Frage, eine Meinung, ein
Urteil von ~ 2.0.1 dieser Umstand fällt nicht
ins ~ ⟨fig.⟩ hat keine Bedeutung, ist unwesent-
lich 2.0.2 sein ganzes ~ in die Waagschale
werfen allen Einfluß geltend machen 2.1 ⟨Stati-
stik⟩ Konstante, mit der einzelne Werte eines
Tests gemäß ihrer Bedeutung für die zu mes-
sende Größe multipliziert werden 3 Körper
von genau bestimmter Masse 3.1 Maßeinheit
zum Wiegen eines anderen Körpers; Kilo~,
100-Gramm-~ 3.2 schweres, an einer Kette
hängendes Metallstück als Triebkraft des Uhr-
werks bei Pendeluhren od. zum Erhalten des
Gleichgewichts bei Zuglampen

Ge'wicht[2] ⟨n.; -(e)s, -er; jägerspr.⟩ Gehörn (des
Rehbocks)

'hacken ⟨-k·k-; V.⟩ 1 ⟨500⟩ etwas ~ mit einem
spitzen, scharfen Werkzeug heftig stechen od.
schneidend schlagen u. dadurch in kleine Teile
zerlegen; Holz ~; er hackte den alten Schrank
in Stücke, zu Feuerholz 1.1 fein zerkleinern;
Zwiebeln, Kräuter ~; gehacktes Fleisch; das
Gehackte 1.2 → a. Holz(1 u. 5.5-5.6) 1.3 auf-
schlagen; ein Loch ins Eis ~ 1.4 ⟨411⟩ aufs
Klavier ~ ⟨fig.; umg.⟩ mit zu hartem Anschlag
spielen 2 ⟨500⟩ etwas ~ mit der Hacke lok-
kern, zerkleinern, spalten; Erde, Beete ~; er
hackte gerade im Garten

'Igel ⟨m.; -s, -⟩ 1 ein kleines insektenfressendes
Säugetier mit kurzgedrungenem Körper u. auf
dem Rücken aufrichtbaren Stacheln: Erinaceus
europaeus 1.1 das paßt wie der ~ zum Handtuch, zur Türklinke überhaupt nicht 2 ⟨Mil.⟩
kreisförmige Verteidigungsstellung im modernen Bewegungskrieg 3 Furchenegge zum Be-
seitigen von Unkraut 4 ⟨fig.⟩ mit Schokola-
denguß überzogener u. Mandelsplittern be-
steckter Kuchen 5 ⟨fig.⟩ kratzbürstiger, un-
freundl. Mensch

'pfle·gen[1] ⟨V.⟩ 1 ⟨500⟩ jmdn. od. etwas ~
→ a. hegen(1.1) fürsorglich behandeln, betreu-
en; sie pflegte ihren kranken Mann bis zu seinem Tod; während der Ferien wurden die Blumen von den Nachbarn gepflegt 1.1 ⟨R3⟩ sich
~ für sein Äußeres sorgen, Körper-, Schön-
heitspflege treiben 1.2 ⟨R3⟩ sich ~ ⟨umg.⟩ sich
schonen, gut essen u. trinken u. nicht zuviel arbeiten 2 etwas ~ so behandeln, daß es or-
dentlich u. sauber aussieht; sein Äußeres ~;
die Haut, Haare, Zähne ~ 2.1 seinen Stil ~
ständig üben u. verbessern

'pfle·gen[2] ⟨V. 192⟩ 1 ⟨500⟩ etwas ~ sich ständig beschäftigen mit etwas, etwas anhaltend
ausüben, betreiben 1.1 ⟨517⟩ mit jmdm.
Freundschaft ~ F. halten 1.2 Gesellig-
keit ~ gern G. haben, oft Gäste haben u. zu
Gast bei anderen sein 1.3 Umgang mit
jmdm. ~ mit jmdm. verkehren 2 ⟨700; veralt.⟩
2.1 eines Amtes ~ ein Amt versehen 2.2
⟨717⟩ mit jmdm. Rats ~ sich mit jmdm. bera-
ten 2.3 der Ruhe ~ sich ausruhen 3 ⟨480⟩ etwas zu tun ~ gewohnheitsmäßig tun; er
pflegt morgens zeitig aufzustehen 3.1 mein
Großvater pflegt zu sagen: „...!" sagt häufig 3.2
etwas pflegt zu sein ist normalerweise so
3.3 wie es zu gehen pflegt wie es eben geht,
wie es immer ist

'Rich·tung ⟨f.; -, -en⟩ 1 das Gerichtetsein,
Wendung auf ein Ziel zu, Verlauf; Sy Kurs(1);
die ~ anzeigen (beim Autofahren); in dem un-
wegsamen Gelände kann man leicht die ~ verlieren; das ist die verkehrte ~; aus welcher ~
ist das Auto gekommen?; in welche ~ gehst
du?; in entgegengesetzter ~ gehen; die ~ der
Autobahn, einer Bahnlinie, eines Flusses; die
~ ändern, beibehalten, wechseln; jmdm. die
~ zeigen; eine andere ~ einschlagen, nehmen; der Orkan bewegt sich in ~ auf Florida;
nach allen ~en auseinanderfliegen, -laufen,
stieben; in ~ auf die Berge; in ~ Hannover
fahren; in nördlicher ~ fliegen 1.0.1 ~ halten in gerader Linie bleiben 1.0.2 ~ nehmen ⟨Mil.⟩ zielen 1.1 ⟨umg.⟩ Hinsicht; in dieser
~ habe ich noch nichts unternommen 1.2 ⟨fig.⟩
Neigung, Streben; das ist nicht meine ~ 2 Strö-
mung, Bewegung (innerhalb der Kunst, Politik
usw.); Kunst~; Stil~; die ~ einer Partei;
einer bestimmten ~ angehören, sie vertreten;
eine politische ~; eine bestimmte ~ in der
Kunst, der Mode, in Politik, Wissenschaft; ich
will mich nach keiner ~ hin binden, festlegen

'selt·sam ⟨Adj.⟩ 1 eigenartig, ungewöhnlich,
befremdlich, merkwürdig, sonderbar, wunder-
lich; es war ein ~es Gefühl; das ist eine ~e
Geschichte; ein ~er Mensch; das kommt mir
~ vor; ich habe etwas Seltsames erlebt; ihm
war ~ zumute 1.1 er ist im Alter ~ geworden
ein Sonderling

'Sprit·ze ⟨f.; -, -n⟩ 1 Einspritzung; eine ~ bekommen; jmdm. eine ~ geben 2 Gerät zum
Spritzen, entweder als Gummiball mit Kanüle,
als Schlauch mit verstellbarer Düse od. als zy-
linderförmiges Glasröhrchen, in dem ein mit
Handdruck bewegter Kolben die Flüssigkeit
durch eine feine Nadel auspreßt (für Einsprit-
zungen zu Heilzwecken); Hand~, Klistier~;
Garten~, Feuer~

'Sta·chel ⟨m.; -s, -n⟩ 1 stechend spitzer Gegenstand 1.1 Stock mit eiserner Spitze (zum
Antreiben von Rindern, Stoßen des Schlittens)
1.1.1 wider den ~ löcken ⟨fig.⟩ sich auflehnen,
sich widersetzen 1.2 metallene Spitze, schma-
ler, spitzer, metallener Gegenstand, Dorn (an
Schnallen) 1.3 spitzes Anhangsgebilde der
Pflanzen, an dessen Bildung außer der
Oberhaut auch tieferliegende Gewebsschich-
ten beteiligt sind 1.4 ⟨Pl.⟩ ~n kräftige, spitze,
stark entwickelte Haare, Schuppen od. An-
hänge des Hautskeletts 1.5 mit Giftdrüsen
verbundener umgewandelter Teil des Lege-
apparates von Hautflüglern, Wehrstachel 1.6
einer Sache den ~ nehmen ⟨fig.⟩ einer S. das
Verletzende nehmen 1.7 ⟨fig.⟩ stechender seel.
Schmerz, leiser Groll; der Vorwurf ließ einen
~ in ihr zurück 1.8 ⟨fig.⟩ heftiger Antrieb; der
~ des Ehrgeizes

'Waa·ge ⟨f.; -, -n⟩ 1 Meßgerät zur Ermittlung
der Masse eines Körpers 2 ⟨fig.⟩ Gleichgewicht
2.0.1 beides hält sich die ~ ⟨fig.⟩ beides gleicht
sich aus, beides ist gleich oft vorhanden, ist
gleich viel wert 3 Gerät zur Bestimmung der
Waagerechten; Wasser~ 4 ein Sternbild am
südl. Himmel, siebtes Tierkreiszeichen

Wurm[1] ⟨m.; -(e)s, ¨er⟩ 1 Angehöriger einer
Gruppe wirbelloser Tiere verschiedener Ge-
stalt, meist gestreckt, ohne Glieder: Vermes,
Helminthes 1.0.1 Würmer haben an einer
Wurmkrankheit leiden 1.0.2 er kroch vor ihm
wie ein ~ im Staube ⟨poet.⟩ er erniedrigte, de-
mütigte sich vor ihm 1.0.3 er wand sich wie ein
getretener ~ ⟨fig.; umg.⟩ er war sehr verlegen
1.0.4 jmdm. die Würmer aus der Nase ziehen
⟨fig.; umg.⟩ jmdm. ein Geheimnis entlocken 1.1
⟨umg.⟩ Made; von Würmern zerfressenes
Holz; in dem Apfel ist ein ~; der Apfel hat
einen ~ ⟨umg.⟩ 1.1.1 da ist der ~ drin! ⟨fig.;
umg.⟩ da stimmt etwas nicht 2 ⟨Myth.⟩ Drache,
Lindwurm 3 ⟨fig.⟩ verborgenes, zehrendes
Übel 3.1 der nagende ~ des Gewissens das
schlechte G.

Wurm[2] ⟨n.; -(e)s, ¨er; fig.; umg.⟩ Geschöpf,
kleines Kind; armes ~!; das arme ~ kann
einem leid tun; die Frau schlägt sich nur müh-
sam mit ihren drei (kleinen) Würmern durch

Wörterbuch 6

6.7 Was bedeutet das hier?

Benutzen Sie noch einmal das Miniwörterbuch 6.6.

a. „Dieser Mann paßt zu mir! Er ist eine *Waage*." Wörterbuchbedeutung Nr. _____

b. Das Auto ist nicht teuer, aber es ist auch *danach*. Mit anderen Worten: es ist _____.

c. „Warum fragst du mich *eigentlich* immer, wann er kommt?" Wörterbuchbedeutung Nr. _____

d. „Für diesen Pullover brauchst du ganz *feine* Wolle, sonst kannst du ihn im Sommer nicht tragen." – „Ach, das dauert mir zu lange. Ich nehme lieber _____ Wolle, dann bin ich schneller fertig."

e. „Mutti, kannst du mir das *Futter* in meinem Mantel nähen? Es ist ganz kaputt." Wörterbuchbedeutung Nr. _____

f. Was er sagt, fällt nicht ins *Gewicht*. Oder mit anderen Worten: Was er sagt, _____.

g. „Die ganze Woche habe ich gearbeitet. Dieses Wochenende möchte ich mich mal richtig *pflegen*." Wörterbuchbedeutung Nr. _____

h. „Ich möchte nächsten Monat Urlaub machen. Ich muß mal mit meinem Chef in dieser *Richtung* reden." Ist das Wort hier umgangssprachlich oder figürlich gebraucht? _____

i. „Schau mal zum Fenster hinaus. Es schneit in dichten *Flocken*." Wörterbuchbedeutung Nr. _____

6.8 Nehmen Sie nun ein einsprachiges Wörterbuch zur Hand.

a. Wie sie in jedem einsprachigen Wörterbuch sehen können, gibt es in der deutschen Sprache viele Wörter aus anderen Sprachen (Fremdwörter). Oft haben sie im Deutschen eine andere Bedeutung, als Sie denken. Sehen Sie doch einmal nach, was zum Beispiel diese Wörter bedeuten:

salopp – kurios – fatal – Etat – Bowle – Konkurs

b. Sehen Sie im Wörterbuch nach oder raten Sie vorher, was diese häufig gebrauchten Abkürzungen bedeuten:

Grammatik:

Adj.: *Adjektiv*, Adv.: _____, Pron.: _____,

V.: _____, Präp.: _____, Subj.: _____,

Fachgebiete:

Anat.: _____, Bankw.: _____, Geogr.: _____,

Chem.: _____, Rel.: _____, Mil.: _____,

Med.: _____, Theat.: _____, Sprachw.: _____,

andere:

z. B.: _____, d. h.: _____, gest.: _____,

o. a.: _____, u. a.: _____, umg.: _____,

usw.: _____, vgl.: _____, u. ä.: _____.

c. Machen Sie eine Liste der einsprachigen Wörterbücher, die Sie in einer Bibliothek oder in einem Buchgeschäft finden. Welches würden Sie sich am liebsten kaufen? Warum?

L **Lesetips**

● Versuchen Sie, Ihr Lesetempo zu vergrößern, d.h. nicht zu viele Stops beim Lesen zu machen. Zum Beispiel:

Nicht so:

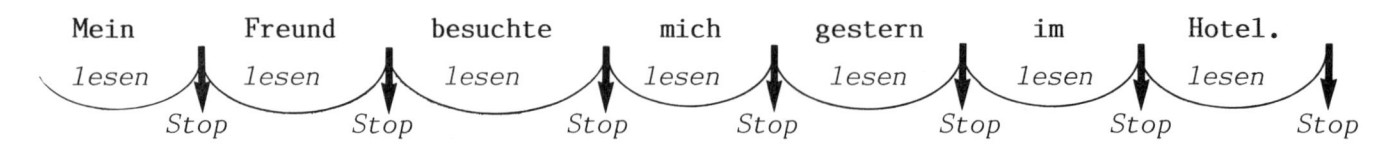

Mein | Freund | besuchte | mich | gestern | im | Hotel.
lesen Stop lesen Stop lesen Stop lesen Stop lesen Stop lesen Stop lesen Stop

sondern so:

Mein Freund | besuchte mich gestern | im Hotel.
lesen Stop lesen Stop lesen Stop

● Ein Text ist nie ganz unbekannt. Bevor Sie ein Wörterbuch benutzen, sollten Sie erst zwei Dinge versuchen:

1. Man kann die Wörter aus dem Kontext verstehen. Beispiel:

   Reporter von Zeitung, Rundfunk und Fernsehen waren am Flughafen.

   Was muß *Rundfunk* heißen?

2. Auch bei zusammengesetzten Wörtern (Komposita) genügt es oft, beim ersten Lesen (orientierenden Lesen) nur den bekannten Teil des Wortes zu verstehen.

   Rechts sind ein paar Wörter, an denen Sie das sehen können. Versuchen Sie, möglichst schnell den bekannten Teil des Wortes zu erkennen. Keine Angst vor langen Wörtern. Sie sollen dabei auch Ihre Blickweite trainieren.
   Erst wenn diese beiden Schritte keinen Erfolg bringen, können Sie ein Wörterbuch benutzen oder jemand fragen.

   Noch etwas zum Gebrauch des Wörterbuchs:

   Das Wörterbuch gibt Ihnen eine schnelle Übersetzung, aber meistens vergessen Sie das Wort auch genauso schnell wieder. Man lernt sicher mehr, wenn man versucht, unbekannte Wörter durch Nachdenken oder Nachfragen zu verstehen.

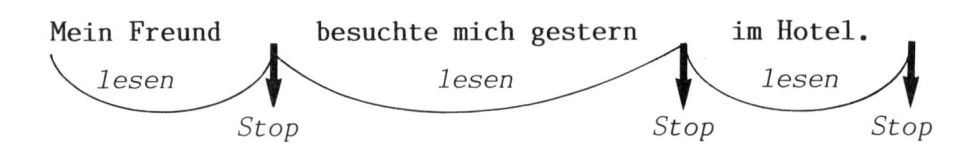

Ei
Rat
Mühe
Trotz
Zufall
Mädchen
Computer
Entdecker
Automation
Unternehmer
Außenwerbung
Familienleben
Motorengesumme
Polizeireporter
Handelsvertreter
Schildkrötensuppe
Illustriertenleser
Einzelverkaufspreis
Tabakwarengroßhandel
Gewerkschaftsbeiträge
Entlastungsmöglichkeit
Generalbevollmächtigter
Ernährungswissenschaften
Kompetenzüberschreitungen

32

Garantie | 7

7.1 Sie haben sich einen programmierbaren Taschenrechner gekauft.

Leider ist er nach ein paar Wochen kaputt. Er gibt öfter falsche Programmschritte aus, und die Off-Taste funktioniert nicht mehr.

Natürlich ist das ärgerlich, aber wenn man elektrische oder elektronische Geräte kauft, bekommt man ja immer einen Garantieschein. Sie suchen also diesen Schein, bevor Sie ins Geschäft gehen.

Sie wissen auch sicher schon einiges über Garantien.

a. Wie lange ist normalerweise die Garantiezeit?
b. Was muß man außer diesem Schein noch ins Geschäft mitnehmen?
c. Was darf man auf keinen Fall mit dem Gerät machen?

7.2 Jetzt überlegen Sie:

Welche Informationen finde ich auf einem Garantieschein?

		ja	nein
a.	Wer hat das Gerät hergestellt?	☐	☐
b.	Aus welchem Land kommt es?	☐	☐
c.	Wie lange dauert die Garantiezeit?	☐	☐
d.	Wann wurde das Gerät hergestellt?	☐	☐
e.	Wann habe ich es gekauft?	☐	☐
f.	Was muß ich vielleicht selbst bezahlen?	☐	☐
g.	Was ist von der Garantie ausgeschlossen?	☐	☐

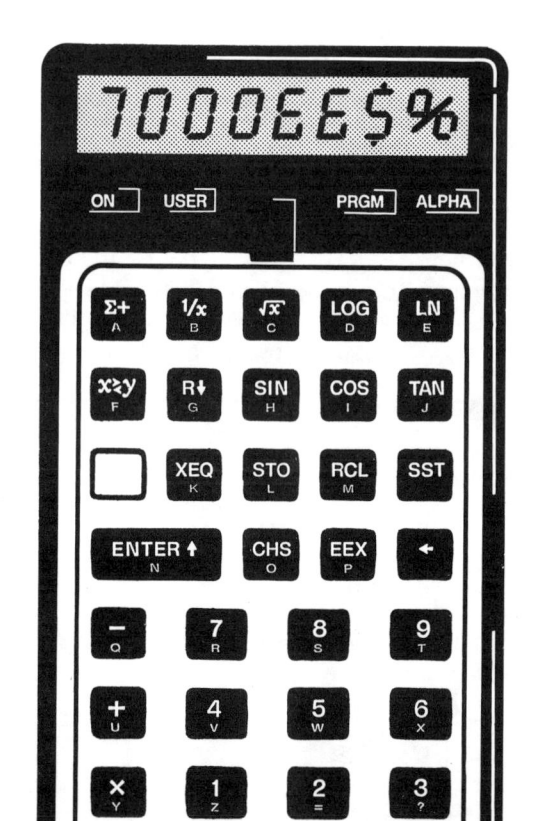

7.3 Was heißt das?

-e Garantiefrist, -en	= -e Garantiezeit
-e Garantieleistung erfolgt / wird erbracht	= die Firma repariert das Gerät kostenlos
-r Garantieanspruch erlischt	= man hat kein Recht mehr auf Garantie
von der Garantie ausgeschlossen / ausgenommen / die Garantie erstreckt sich nicht auf	= dafür gilt die Garantie nicht
-e Bedingung, -en	= -e Kondition, -en
Mängel / Schaden / Fabrikations- / Werks- / Material- fehler	= Defekt
unentgeltlich beheben	= kostenlos reparieren
unverzüglich	= sofort
-r Eingriff, -e	= hier: Reparatur
ermächtigte beauftragte Personen	= Personen, die das Recht dazu haben
unsachgemäße Eingriffe	= Reparaturen durch Personen, die dafür nicht qualifiziert sind
-r Kaufbeleg, -e	= z. B. Kassenzettel, Quittung
zu Lasten des Käufers gehen	= der Käufer muß es bezahlen

33

| 7 | Garantie

7.4 Lesetechnik

a. Texte wie diese liest man *nicht ganz*. Man liest *gezielt*! Man sucht bestimmte Informationen und ignoriert den Rest.
b. Zuerst interessiert mich nur die Garantiezeit.
c. Ich lese den Garantieschein erst dann genau, wenn man mir sagt, ich muß die Reparatur selbst bezahlen.

7.5 Originaltext und vereinfachter Text:

Garantie-Bedingungen

1. Die Garantiezeit von 6 Monaten beginnt mit der Übergabe des Gerätes. Der Zeitpunkt der Übergabe ist durch Vorlage des Kaufbelegs, wie Kassenzettel, Rechnung o. ä., nachzuweisen. Ohne diesen Nachweis sind wir nicht zur Garantieleistung verpflichtet.
2. Während der Garantiezeit beheben wir kostenlos alle Mängel, soweit sie nachweislich auf Fabrikations- oder Materialfehler zurückzuführen sind. Es bleibt uns überlassen, die defekten Teile/Geräte auszutauschen oder durch andere zu ersetzen. Weitergehende Ansprüche sind ausgeschlossen.
Ausgetauschte Teile/Geräte gehen in unser Eigentum über.
3. Eingriffe nicht von uns beauftragter Personen in das Gerät führen automatisch zum Erlöschen jeden Garantieanspruchs.
4. Transport- und Verpackungskosten sowie Beschädigungen durch höhere Gewalt gehen zu Lasten des Käufers.
5. Ausgeschlossen von der Garantie sind alle Schäden, die durch unsachgemäße Behandlung, Nichtbeachtung der Bedienungsanleitung und betriebsbedingte Abnutzung auftreten. Die Garantie erstreckt sich nicht auf Verschleißteile und leicht zerbrechliche Zubehörteile aus Glas, Kunststoff und Keramik, insbesondere auch Skalen, Klarsichtscheiben, Glimm- und Glühlampen und Trockenbatterien. Schäden, die durch auslaufende Batterien entstehen, sind von der Garantie ausgenommen.
6. Durch Reparatur oder Teilersatz wird die ursprüngliche Garantiezeit nicht verlängert.
7. Diese Garantie-Urkunde gilt nur in der Bundesrepublik Deutschland.
8. Im Reparaturfall senden Sie das Gerät an Ihren Händler oder direkt an

Electrona Deutschland GmbH · Hanauer Straße 204 · 6000 Frankfurt 70

1. Die Garantiezeit dauert 6 Monate ab Kaufdatum. Man braucht den Kassenzettel.
2. Die Firma repariert alle Fabrikations- und Materialfehler. Das kostet nichts.
3. Privatpersonen dürfen das Gerät nicht reparieren.
4. Der Käufer muß das Porto bezahlen, wenn er das Gerät mit der Post schickt.
5. Hier gilt die Garantie nicht:
6. Die Reparatur verlängert nicht die Garantiezeit.

7.6 Für welches dieser sechs Geräte ist der Garantieschein?

34

Garantie

7.7 Markieren Sie: Wo steht das im Text?

a. Garantiedauer
b. Wofür gilt die Garantie nicht?
c. eventuelle Kosten
d. Wer muß die Reparatur machen?
e. Wer darf nicht reparieren?
f. In welchem Land ist das Gerät gekauft?

Garantie

Gültig in der Bundesrepublik Deutschland

Für dieses Gerät leisten wir Garantie gemäß nachstehenden Bedingungen:

1. Wir beheben unentgeltlich nach Maßgabe der folgenden Bedingungen (Nr. 2–6) Schäden oder Mängel am Gerät, die nachweislich auf einem Werksfehler beruhen, wenn sie uns unverzüglich nach Feststellung und innerhalb von 12 Monaten – bei gewerblichem Gebrauch oder gleichzusetzender Beanspruchung innerhalb von 6 Monaten – nach Lieferung an den Endabnehmer gemeldet werden. Die Garantie erstreckt sich nicht auf leichtzerbrechliche Teile, wie z. B. Glas oder Kunststoff bzw. Glühlampen.
Eine Garantiepflicht wird nicht ausgelöst durch geringfügige Abweichungen von der Soll-Beschaffenheit, die für Wert und Gebrauchstauglichkeit des Gerätes unerheblich sind, durch Schäden aus chemischen und elektrochemischen Einwirkungen von Wasser sowie allgemein aus anomalen Umweltbedingungen.

2. Die Garantieleistung erfolgt in der Weise, daß mangelhafte Teile nach unserer Wahl unentgeltlich instand gesetzt oder durch einwandfreie Teile ersetzt werden. Instandsetzungen am Aufstellungsort können nur für stationär betriebene (feststehende) Großgeräte verlangt werden. Andere Geräte, für die unter Bezugnahme auf diese Garantie eine Garantieleistung beansprucht wird, sind unserer nächstgelegenen Kundendienststelle oder Vertragswerkstatt zu übergeben oder einzusenden. Dabei ist der Kaufbeleg mit Kauf- und/oder Lieferdatum vorzulegen. Ersetzte Teile gehen in unser Eigentum über.

3. Der Garantieanspruch erlischt, wenn Reparaturen oder Eingriffe von Personen vorgenommen werden, die hierzu von uns nicht ermächtigt sind, oder wenn unsere Geräte mit Ergänzungs- oder Zubehörteilen versehen oder verwendet werden, die nicht auf unsere Geräte abgestimmt sind.

4. Innerhalb der ersten 6 Monate ab Lieferung erbringen wir die Garantieleistung ohne Berechnung von Nebenkosten (Fahrt- und Wegezeitkosten, Fracht- und Verpackungskosten).

5. Garantieleistungen bewirken weder eine Verlängerung der Garantiefrist, noch setzen sie eine neue Garantiefrist in Lauf.

Die Garantiefrist für eingebaute Ersatzteile endet mit der Garantiefrist für das ganze Gerät.

6. Sofern ein Schaden oder Mangel nicht beseitigt werden kann oder die Nachbesserung von uns abgelehnt oder unzumutbar verzögert wird, wird innerhalb von 6 Monaten ab Kauf-/Lieferdatum auf Wunsch des Endabnehmers
entweder
kostenfrei Ersatz geliefert
oder
der Minderwert vergütet
oder
das Gerät gegen Erstattung des Kaufpreises, jedoch nicht über den marktüblichen Preis hinaus, zurückgenommen.

7. Weitergehende oder andere Ansprüche, insbesondere solche auf Ersatz außerhalb des Gerätes entstandener Schäden, sind – soweit die Haftung nicht zwingend gesetzlich angeordnet ist – ausgeschlossen.

Auch nach Ablauf der Garantie bieten wir Ihnen unsere Kundendienstleistungen an, sofern Ihnen anderweitige Reparatur-Werkstätten nicht zur Verfügung stehen.

7.8 Was ist richtig?

Arbeiten Sie mit einem Wörterbuch.

a. Im Text steht: ... *bei gewerblichem Gebrauch ... innerhalb von 6 Monaten* ... Was bedeutet das?
Nur 6 Monate Garantie,
A ☐ wenn man mit dem Gerät Werbung macht.
B ☐ wenn man das Gerät geschäftlich benutzt.
C ☐ wenn man das Gerät sehr oft gebraucht.

b. Wenn ein kleines Licht im Apparat plötzlich nicht mehr geht, ...
A ☐ wird das kostenlos repariert.
B ☐ ist der Apparat kaputt.
C ☐ muß man die Reparatur selbst bezahlen.

c. Wenn dieses Gerät nach 8 Monaten kaputtgeht, muß ich dann ...
A ☐ alle Nebenkosten selbst zahlen?
B ☐ nur die Reparatur bezahlen?
C ☐ die Garantieleistung bezahlen?

7 Garantie

7.9 Silbenrätsel

(alle Wörter finden Sie im Text 7.7)

1. Staubsauger, Plattenspieler, Fernsehapparat sind elektrische ...
2. Wenn etwas fehlt oder nicht 100%ig funktioniert, dann ist das ein ...
3. Ein anderes Wort für *begrenzte Zeit*.
4. Ein anderes Wort für *Reparatur*.
5. Wenn ich z. B. den Mechaniker für den Weg zu mir oder den Transport meines kaputten Radios zur Werkstatt bezahlen muß, dann muß ich die ... tragen.
6. *Die Garantie gilt nur für das Land, wo ich das Gerät gekauft habe*, oder *die Garantie ist nur ... für das Land*.
7. „Können Sie mir den Fernsehapparat bitte nach Hause bringen?" oder: „Können Sie ihn mir bitte ... ?"
8. Ein anderes Wort für *kostenlos*.
9. Die Glühlampe ist kaputt, eine neue muß in das Gerät. Für diesen ... muß ich immer bezahlen.
10. Wenn der Kassettenrekorder in die volle Badewanne fällt und nicht mehr funktioniert, dann hat er einen Wasser-...
11. Etwas, das sehr leicht kaputt geht, z. B. Glas, ist ...
12. Der Ort, an dem mein kaputtes Gerät repariert wird.
13. Eine Garantie ist eine Art von Vertrag, und für jeden Vertrag gibt es ..., die ich beachten muß.
14. Das deutsche Wort für *synthetisches Material*.

be – ben – brech – den – din – ent – er – fern – frist - ge – gel – gelt – gen – gül – gun – in – kos – kunst – lich – lich – lie – man – ne – rä – satz – scha – set – stand – statt – stoff – te – ten – tig – un – werk – zer – zung

Lösungswort: _____

7.10 Besondere Formulierungen

In den Garantiebedingungen finden Sie unter Punkt 2 diese Formulierungen:

a. *Andere Geräte ..., sind unserer ... Vertragswerkstatt zu übergeben oder einzusenden.*

b. *Dabei ist der Kaufbeleg ... vorzulegen.*

   Was kann das bedeuten?

c. Nehmen wir ein einfaches Beispiel mit derselben Struktur. Ein Chef sagt zu seiner Sekretärin: „Der Brief *ist* bis morgen *zu* schreiben!"
   Meint er: A „Bitte schreiben Sie den Brief, wenn Sie Zeit haben."
   B „Sie müssen den Brief auf jeden Fall schreiben."
   C „Sie können den Brief schreiben oder auch nicht."

d. Was bedeuten also die Sätze *a.* und *b.*?
   A Das kann man tun oder nicht – wie man will.
   B Das muß man auf jeden Fall tun.
   C Bitte tun Sie das, wenn Sie können.

36

Bildergeschichten 8

8.1 Bildergeschichten

Viele Leute lesen gerne Bildergeschichten. Wer kennt nicht Micky Maus, die Peanuts oder Superman? Wir finden sie in Tageszeitungen, Illustrierten oder Magazinen. Typisch für Bildergeschichten sind

die Sprechblasen

die Denkblasen

8.2 Sehr oft lesen wir in Comics so etwas:

		Nr.			Nr.			Nr.
a.	etwas explodiert		e.	jemand schläft		i.	etwas geht kaputt	
b.	jemand ist böse		f.	jemand rutscht		j.	jemand träumt	
c.	jemand ist erstaunt		g.	etwas fliegt schnell		k.	es wird geschossen	
d.	jemand tut sich weh		h.	etwas macht großen Lärm		l.	etwas bewegt sich schnell	

37

8 Bildergeschichten

8.3 Suske und Wiske

Bildergeschichten 8

8.4 Die Bilder auf der linken Seite ...

... gehören zu einer Bildgeschichte mit dem Titel *Suske und Wiske*. In der Geschichte geht es um einen Zusammenstoß auf See. Lesen Sie die folgenden Sprechblasensätze. Ordnen Sie die Sätze den Bildern zu.

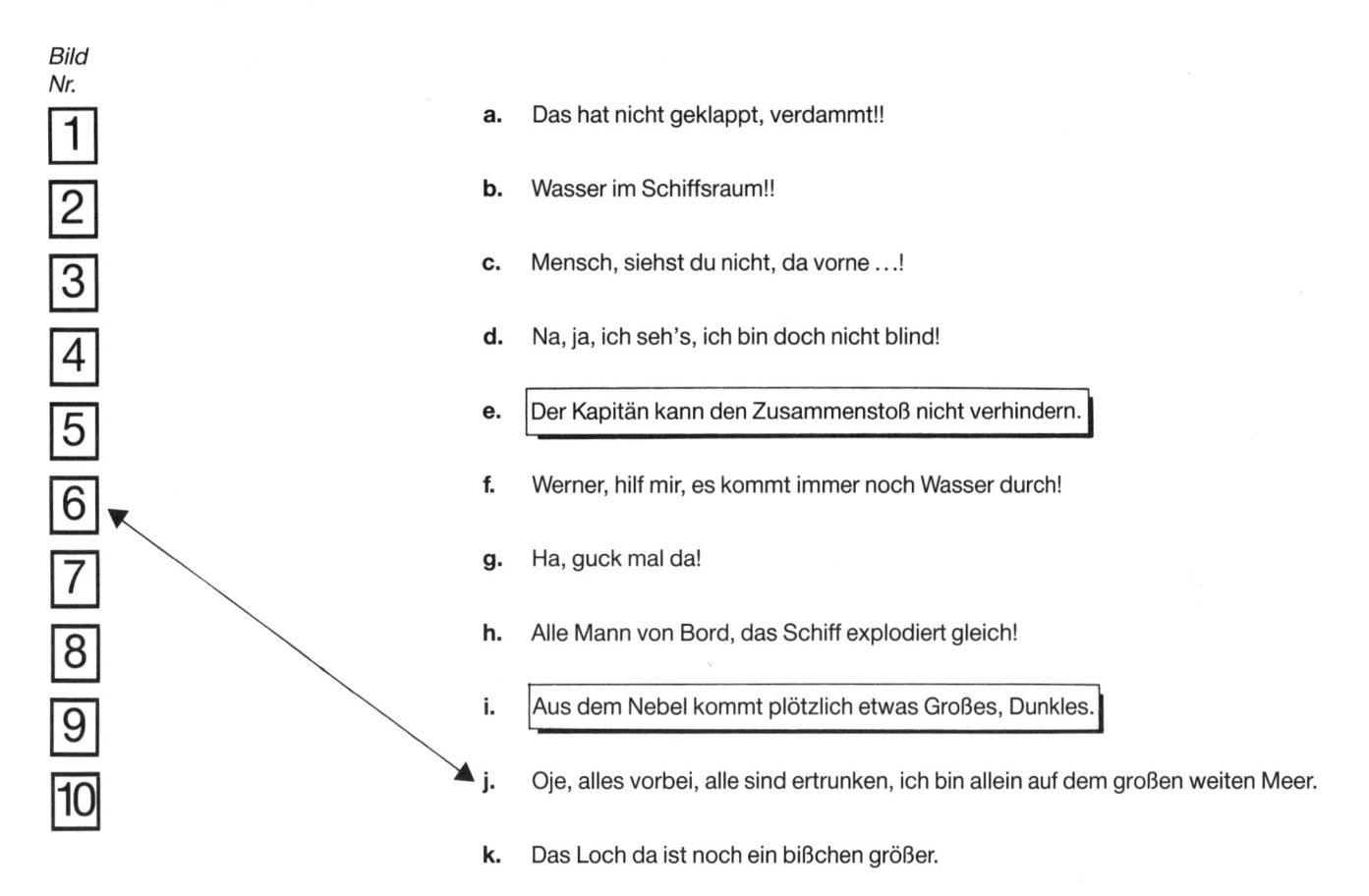

Bild Nr.

1
2
3
4
5
6
7
8
9
10

a. Das hat nicht geklappt, verdammt!!

b. Wasser im Schiffsraum!!

c. Mensch, siehst du nicht, da vorne ...!

d. Na, ja, ich seh's, ich bin doch nicht blind!

e. Der Kapitän kann den Zusammenstoß nicht verhindern.

f. Werner, hilf mir, es kommt immer noch Wasser durch!

g. Ha, guck mal da!

h. Alle Mann von Bord, das Schiff explodiert gleich!

i. Aus dem Nebel kommt plötzlich etwas Großes, Dunkles.

j. Oje, alles vorbei, alle sind ertrunken, ich bin allein auf dem großen weiten Meer.

k. Das Loch da ist noch ein bißchen größer.

(Bild 6 ↔ i; Bild 10 ↔ j)

8.5 Ordnen Sie jetzt die Bilder mit Hilfe der Sprechblasensätze:

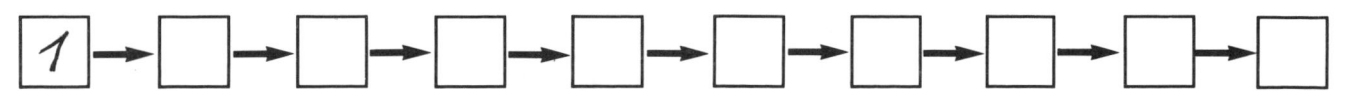

1 → ☐ → ☐ → ☐ → ☐ → ☐ → ☐ → ☐ → ☐ → ☐

8.6 Verstehen Sie mit Hilfe der Bilder, was das bedeutet?

Bild Nr.

a. Im Schiff ist ein kleines *Loch*.   3

b. Ein großes Schiff kommt aus dem *Nebel*.   ____

c. Wasser im *Schiffsraum*!   ____

d. Ein Mann *klettert* die *Leiter* hoch, weil im Schiffsraum das Wasser immer höher *steigt*.   ____

e. Der Kapitän hält das *Steuer* in der Hand.   ____

f. Auf *Wrackteilen* steht der Kapitän allein auf dem Meer und hat seine Pfeife im Mund.   ____

39

Bildergeschichten

Bildergeschichten   8

8.7 Links haben wir fünf Geschichten ...

mit Blondie Bumskopp   und Dankwart Bumskopp

aus einer Comicserie mit dem Titel *Blondie*.

Wovon handeln die fünf Geschichten mit Blondie und Dankwart?

1   A ☐ Hausarbeit   3   A ☐ frühstücken   5   A ☐ Ruhestörung
    B ☐ Füller   B ☐ träumen   B ☐ Kritik
    C ☐ Streit   C ☐ weiterschlafen   C ☐ Hausaufgabe

2   A ☐ Filmstars   4   A ☐ Schuldgefühle
    B ☐ Frauenträume   B ☐ Freude
    C ☐ Eifersucht   C ☐ Ungeduld

8.8 Finden Sie das Wort aus der Blondie-Geschichte   in Geschichte Nr.

a.   Ein Schreibgerät _____ *Füller* _____ | 1 |

b.   Sophia Loren ist einer. _____

c.   Eine Stunde hat 60 davon. _____

d.   Das Geräusch von einem Kuß _____

e.   Haustiere _____

f.   Damit fängt man Tiere. _____

g.   Teller, Tassen, Schüsseln _____

h.   Sie sind an den Fingern. _____

i.   Frauen brauchen es für den Mund. _____

j.   Essensreste, alte Dosen und Flaschen wirft man hinein. _____

k.   Es macht die Wohnung warm. _____

l.   Komm aus dem Bett! _____

m.   Ich kriege es, wenn ich den Geburtstag meiner Mutter vergessen habe. _____

n.   Sie machen die Wohnung hell. _____

o.   Was man machen möchte, wenn der Wecker geklingelt hat. _____

Bildergeschichten

8.9 Welche Dialoge gehören zu welchem Bild?

Dialog 1
A: *Gefällt dir die Krawatte?*
B: *Oh ja, sie ist ganz hübsch.*

Dialog 2
A: *Möchtest du mal fahren?*
B: *Lieber nicht, ohne Brille.*

Dialog 3
A: *Laufen wir morgen wieder zusammen?*
B: *Ja gern, also um 9 Uhr an der Ecke.*

Dialog 4
A: *Nehmen Sie die Krawatte?*
B: *Dieses Handtuch nennen Sie Krawatte?*

Dialog 5
A: *Hier ist ein schöner Platz!*
B: *Fein, bleiben wir hier.*

Dialog 6
A: *Soll er mal fahren?*
B: *Mein Opa hat gar keinen Führerschein.*

Dialog 7
A: *Na, wie findest du meinen neuen Wagen?*
B: *Unsinn, er gehört deinem Vater.*

Dialog 8
A: *Das ist ein wunderbarer Platz!*
B: *… und wo bekomme ich mein Bier?*

Dialog 9
A: *Schau mal, meine neuen Laufschuhe.*
B: *Bei deinem Bauch kannst du die doch gar nicht sehen.*

Dialog 10
A: *Was für ein phantastischer Platz!*
B: *Oh ja, hier bauen wir unser Haus.*

Dialog 11
A: *Hopp, hopp, eins-zwei, eins-zwei, eins …*
B: *Falsch, meine Telefonnummer ist 74 26.*

Dialog 12
A: *Papi, ist das deine neue Krawatte?*
B: *Nein, mein erster selbstgewaschener Pullover.*

Zu Bild **a.** gehören die Dialoge ☐ ☐ ☐

Zu Bild **b.** gehören die Dialoge ☐ ☐ ☐

Zu Bild **c.** gehören die Dialoge ☐ ☐ ☐

Zu Bild **d.** gehören die Dialoge ☐ ☐ ☐

Radfahrer frei

9

9.1 Ein Silbenrätsel

Versuchen Sie das Silbenrätsel zu lösen. Die Buchstaben in den ☐ ergeben das Lösungswort.

am – au – dam – dar – den – du – en – flug – gel – hüh – li – ner – ra – rei – sche – se – se – ster – stra – ta – zeug

a. Flugzeug ohne Motor

b. Kontinent

c. Sie legen Eier.

d. Flugzeuge und Schiffe brauchen es bei Nebel.

e. kleines Gepäckstück

f. Stadt in den Niederlanden

g. deutsches Wörterbuch

Lösungswort:

9.2 Regeln für das Radfahren

In den letzten Jahren ist das Radfahren in der Bundesrepublik immer populärer geworden. Das Fahrrad ist ein umweltfreundliches Verkehrsmittel. Wer Fahrrad fährt, besonders in der Stadt, muß ein paar Regeln beachten.

a. Nur für Fußgänger!

b. Kein Verkehrsschild

c. Radfahren verboten!

d. Nur für Radfahrer!

e. Achtung, steile Straße!

9 Radfahrer frei

9.3 Zu welchem Bild paßt der Text am besten?

In einem Jahr starben bei Unfällen 1131 Radfahrer

München (ap). Im Jahre 1980 sind in der Bundesrepublik 50 580 Radfahrer verunglückt, 1131 von ihnen tödlich. Nach einem ADAC-Bericht ergab sich damit gegenüber 1979 hinsichtlich der Gesamtzahl der verunglückten Radfahrer eine Zunahme um 5,5 Prozent, während die Zahl der getöteten Radfahrer leicht zurückging. Von den verunglückten Radfahrern waren 22 379 unter 15 Jahre alt. An der Spitze der Unfallursachen lag die Nichtbeachtung der Vorfahrt, gefolgt von Fehlern beim Abbiegen und beim Einfahren in den fließenden Verkehr. 50 bis 60 Prozent aller Radfahrunfälle ereignen sich an Kreuzungen und Einmündungen.

zurückgehen	weniger werden
-e Zunahme	mehr werden
ADAC	Allgemeiner Deutscher Automobil Club
verunglücken	einen Unfall haben
-e Unfallursache	warum ein Unfall passiert
an der Spitze	an erster Stelle
sich ereignen	passieren

9.4 Markieren Sie im Text:

a. Wohin fahren die Leute?
b. Wieviel Kilometer Fahrradwege gibt es?
c. Politische Funktion von dem Mann in Bonn
d. Wer fährt Fahrrad?
e. Zahl der Fahrräder
f. Wieviel Kilometer neue Fahrradwege sind geplant?

Das Fahrrad ist das Verkehrsmittel der Zukunft

Bonn (dpa). Das Fahrrad ist „als Verkehrsmittel der Vergangenheit zum Verkehrsmittel der Zukunft geworden", erklärte gestern der Bundesverkehrsminister in Bonn. Daß die Wiederentdeckung des Fahrrads als Nahverkehrsmittel kommt, zeige sich darin, daß die Zahl der motorlosen Zweiräder auf 40 Millionen gestiegen ist.

Acht Prozent der Erwerbstätigen, Schüler und Studenten fahren mit dem Rad zur Arbeit, zur Schule und Hochschule.

Bis 1990 sollen zu den bestehenden 8000 Kilometern rund 3000 Kilometer weitere Radwege geschaffen werden, erklärte der Minister.

9.5 Welche Ausdrücke im Text bedeuten *Fahrrad*?

Verkehrsmittel der Zukunft

Radfahrer frei | 9

9.6 Wo steht das im Text *9.3*?

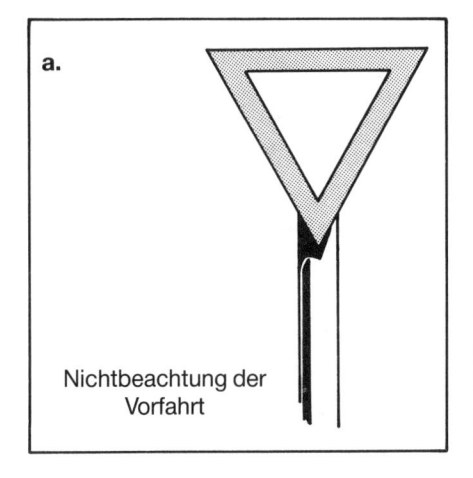

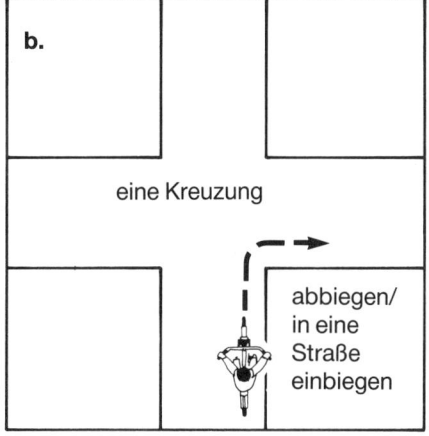

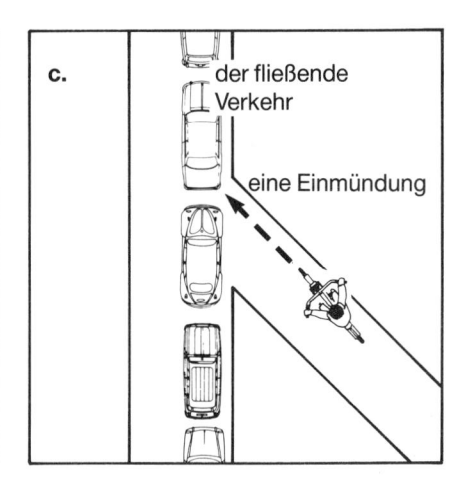

a. Nichtbeachtung der Vorfahrt

b. eine Kreuzung / abbiegen/ in eine Straße einbiegen

c. der fließende Verkehr / eine Einmündung

9.7 Was gehört zusammen?

	50 580 Radfahrer	1 131 Radfahrer	22 379 Radfahrer	5,5 % mehr Unfälle	50–60 % aller Radfahr- unfälle	
sind unter 15 Jahre alt			X			1
passieren an Kreuzungen und Einmündungen						2
sind tödlich verunglückt						3
verunglückten 1980						4
passierten gegenüber 1979						5
	a	b	c	d	e	

9.8 Was heißt das?

Ein Fahrradbuch empfiehlt Radfahrern in der Stadt ein sichtbares und selbstbewußtes Verhalten. So zum Beispiel:

→ Auf Straßen und Wegen nicht zu weit rechts fahren.
→ Beim Abbiegen mit der Hand deutlich Zeichen geben.
→ Ruhig nebeneinander fahren, wenn es der Verkehr erlaubt.
→ Nicht in Einbahnstraßen oder über rote Ampeln fahren.
→ Keine Parklücken ausfahren, immer deutlich geradeaus.

Was heißt also *sichtbar* und *selbstbewußt* hier?

9 Radfahrer frei

9.9 Alkohol im Verkehr ...

... ist gefährlich und kann katastrophal enden. Man denkt sofort an Autofahrer, die Wein, Bier oder Schnaps getrunken haben. Aber auch für andere Verkehrsteilnehmer kann es problematisch werden:

„Blaue" Radfahrer bekommen auch Punkte in Flensburg

Sogar Geldstrafen und Haft möglich

(e.g.) Wer „infolge des Genusses alkoholischer Getränke oder anderer berauschender Mittel" nicht in der Lage ist, sein Fahrzeug korrekt zu führen, muß mit Haft bis zu einem Jahr oder einer hohen Geldstrafe rechnen. Dabei ist es egal, welches Fahrzeug er betreibt. Auch Radfahrern kann so etwas passieren. Aber damit ist das Delikt noch nicht ganz geahndet. Hinzu kommen Strafpunkte in Flensburg. Ist der Radfahrer im Besitz einer Kraftfahrzeug-Fahrerlaubnis, so kann sie ihm entzogen werden. Eine Radfahrt im Marihuana- oder Tablettenrausch ist von den gleichen Strafen bedroht.

Der Journalist hat die Bürokratensprache übernommen. Ordnen Sie die Bürokratenausdrücke dem normalen Deutsch zu.

Das steht im Text:

a.	ein Fahrzeug betreiben
b.	infolge des Genusses alkoholischer Getränke oder berauschender Mittel
c.	ist nicht in der Lage
d.	ein Fahrzeug korrekt führen
e.	ein Delikt wird geahndet
f.	er ist im Besitz
g.	die Kraftfahrzeugerlaubnis entziehen

Aber so sagt man:

1.	weil man Alkohol getrunken oder Drogen genommen hat
2.	ein Auto, Moped usw. fahren
3.	den Führerschein wegnehmen
4.	ein Fehler wird bestraft
5.	kann nicht
6.	richtig fahren
7.	er hat

Der Ausdruck	a	b	c	d	e	f	g
bedeutet							

9.10 Welche Informationen finden Sie ...

		im Text?	im Bild?
a.	Alkohol		
b.	Führerschein		
c.	Radfahrer		
d.	Polizei		
e.	Flensburg		
f.	Strafpunkte		
g.	Haft		
h.	Sommer		
i.	Wespe		

		im Text?	im Bild?
j.	Verkehrsteilnehmer		
k.	Flasche		
l.	Fahrzeug führen		
m.	Mann		
n.	Polizist		
o.	Fahrrad		
p.	„blau"		
q.	Geldstrafe		

Radfahrer frei 9

9.11 Wie repariere ich ein Loch im Schlauch?

Welcher Text zu welchem Bild?

A Auf die markierte Stelle Klebstoff auftragen.

B Das Ventil wieder zumachen.

C Den Schlauch etwas aufpumpen.

D Den Mantel von der Felge lösen.

E Die markierte Stelle mit Sandpapier aufrauhen.

F Das Ventil öffnen.

G Den Schlauch unter dem Mantel von der Felge ziehen.

H Einen Flicken auf die defekte Stelle kleben.

I Den Schlauch im Eimer Wasser prüfen, bis an der defekten Stelle Luftblasen aufsteigen.

J Den Schlauch am Ventil wieder über die Felge ziehen.

Prüfung des Ventils

der Mantel

die Felge

das Ventil

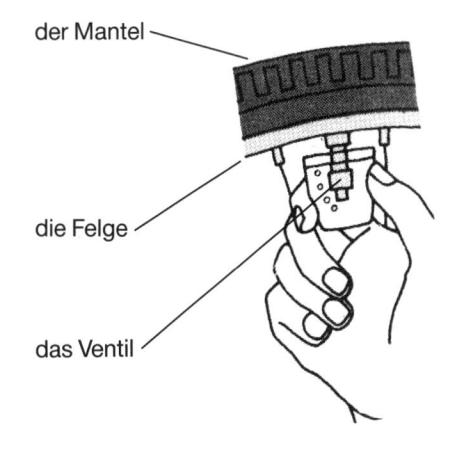

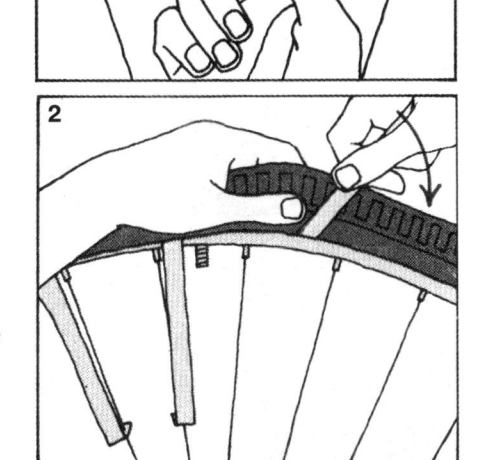

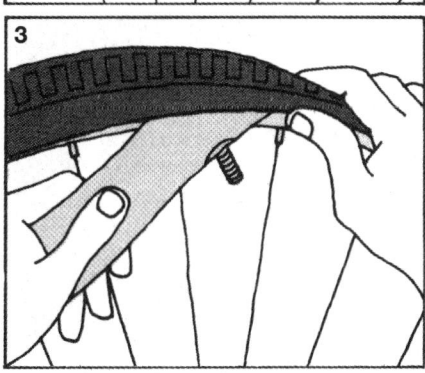

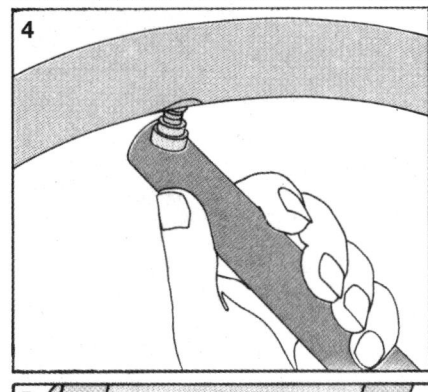

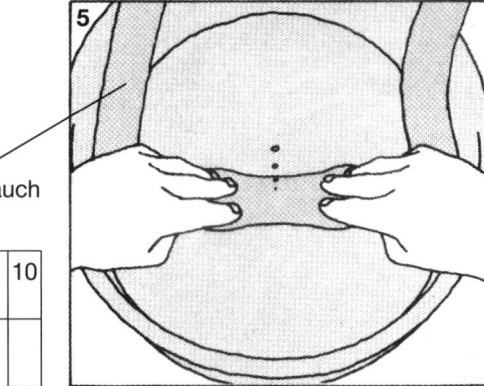

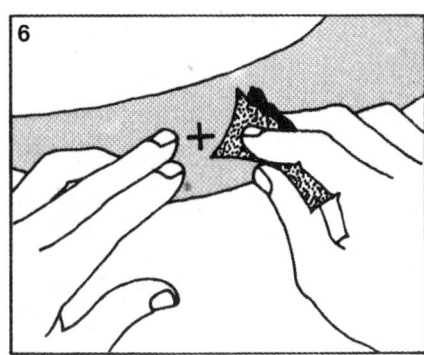

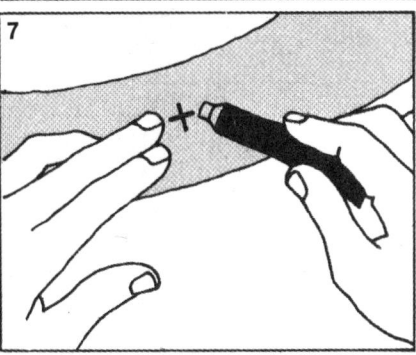

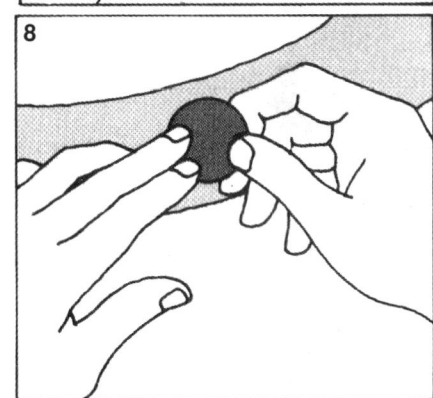

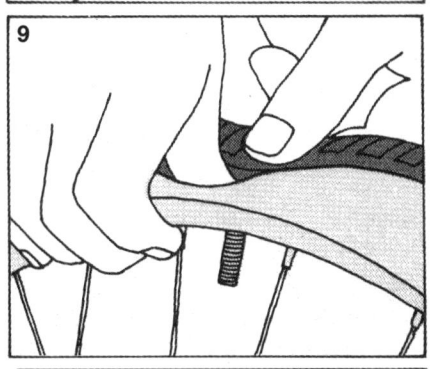

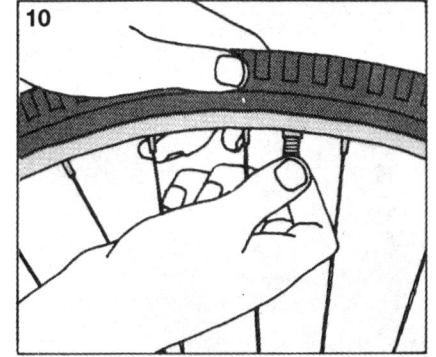

der Schlauch

Bild Nr.	1	2	3	4	5	6	7	8	9	10
Text Nr.										

47

L — *Lesetips*

Lesehilfe Bild

Wenn man in einer Fremdsprache noch keinen sehr großen Wortschatz hat, hilft eine Illustration (Zeichnung, Foto, Karikatur) oft beim Verstehen eines Textes. Sie sollten deshalb die Bilder zu einem Text

- <u>vor</u> dem Lesen <u>genau</u> ansehen
- <u>beim</u> Lesen im Auge behalten

Überlegen Sie:

- Welche Texte haben oft/manchmal/immer Bilder?
- Was ist die Funktion der Bilder?
- Welche Texte mit Bildern lesen Sie in Ihrer Muttersprache gern/oft? Warum?

Manchmal sagt ein Bild mehr, als ein Text sagen kann. Zum Bespiel hier:

Reparatur mit Klebeband

Am leichtesten bricht eine Brille am Steg. Diese empfindliche Stelle kann man jedoch mit durchsichtigem Klebeband provisorisch wieder zusammenfügen.

Die gleiche Technik kann man auch anwenden, wenn ein Brillenbügel ohne Drahteinlage gebrochen ist.

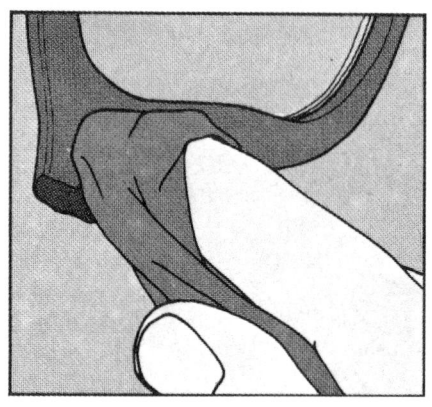

1. An der Bruchstelle wischt man Fett und Schmutz sorgfältig mit einem trockenen Tuch ab.

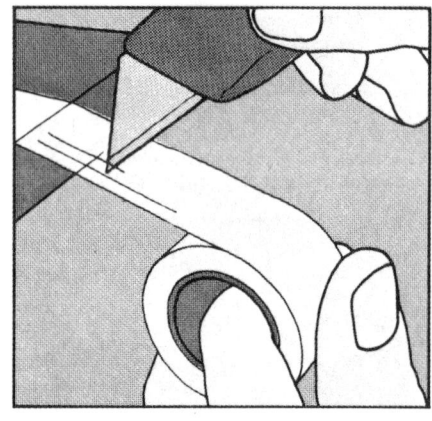

2. Jetzt werden 5 mm breite und etwa 25 mm lange Klebebandstreifen zugeschnitten.

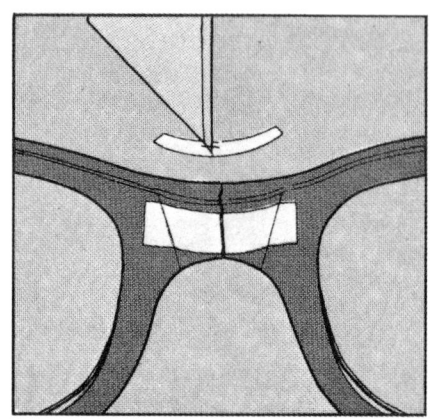

3. Man hält die Brillenhälften zusammen und verbindet sie hinten und vorne, oben und unten mit Streifen.

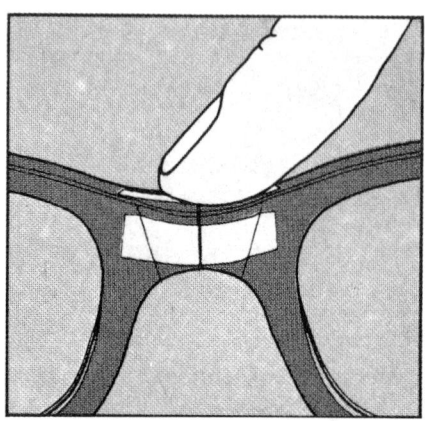

4. Dann reibt man die Streifen vorsichtig an, um eingeschlossene Luftblasen herauszudrücken.

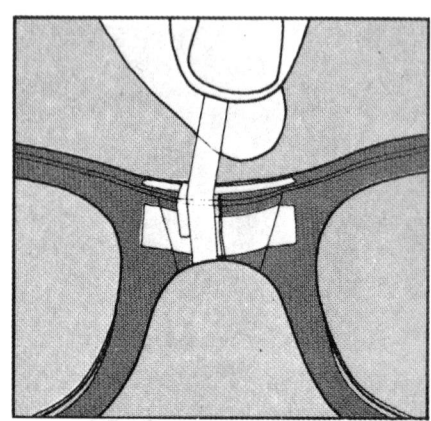

5. Zum Schluß wird der Steg mit einem 5 mm breiten Klebebandstreifen überlappend umwickelt.

Außerdem können Sie sofort neue Wörter lernen. Zum Beispiel so:

– Wie nennt man die Mitte der Brille?
– Was heißt *überlappend*?
– Was ist ein Klebeband?
– Ein langes Stück Klebeband nennt man …

und so weiter.

Schlagzeilen

10.1 Schlagzeilen und Überschriften

Sie fallen ins Auge und informieren den Leser über das Thema. Erst wenn ihn das Thema interessiert, liest er den ganzen Text.

① Im Kampf gegen Luftverschmutzung und Verkehrschaos
Athen ohne Autos – Die Fußgänger freuen sich
Zwischen 7 und 15 Uhr darf kein Privatwagen fahren

② Die Ärzte warnen
Zuviel Sonne macht die Haut alt und krebskrank

③ Flaute seit 1975
Die Reisebüros klagen: Immer weniger Kunden

④ Fußballspiel in Bonn endet mit Schlägerei

⑤ Die Sommerzeit kam mit Sturm und Schnee

⑥ **30 Tote durch Beben im Iran**
Von Geröll verschüttet

⑦ Motorradfahrer schwer verletzt

⑧ Medikamente im Müll: Kind probierte

⑨ **Dickes Geschäft mit Dicken**
„Schlankheitsbad" war wirkungslos

⑩ Eine Universität des dritten Lebensalters

10.2 Entscheiden Sie möglichst schnell:

Wie heißt das Thema?

a. Nr. ☐ Wetter
b. Nr. ☐ Tourismus
c. Nr. ☐ Seniorenstudium
d. Nr. ☐ Verkehrsunfall
e. Nr. ☐ Naturkatastrophe
f. Nr. ☐ Stadt ohne Verkehr
g. Nr. ☐ Gefährliches Spiel
h. Nr. ☐ Gesundheitsrisiko
i. Nr. ☐ Schönheit und Profit
j. Nr. ☐ Aggressive Sportfans

Welchen Artikel möchten Sie lesen? Warum?

10.3 Schlagzeilen sind keine ganzen Sätze.

In den Schlagzeilen fehlen oft die Artikel, die Präpositionen und die einfachen Verben wie z. B. *haben, sein, werden, kommen, gehen* u. a.; ebenso die Modalverben. Manchmal klingt das wie ein Telegramm. – Wie heißen die vollständigen Sätze?

Überschrift ① *In Athen sollen keine Autos mehr fahren. – Die ....*
② ___
③ ___
④ ___
⑤ ___
⑥ ___
⑦ ___
⑧ ___
⑨ ___
⑩ ___

10 Schlagzeilen

10.4 Interessiert Sie das?

Sehen Sie z. B. einmal diese Überschrift und das Foto mit dem Untertext an.

Fanatismus

Platten auf dem Scheiterhaufen

Mit flammenden Haßpredigten haben konservative US-Sekten der Popmusik den „Heiligen Krieg" erklärt

„Rockmusik ist schuld am Sittenverfall unserer Zeit"
Gläubige der Peters-Gemeinde in Minnesota verbrennen Rockplatten im Wert von rund 20 000 Mark. Josephine Peters, die Frau des Sektengründers, sieht die Berechtigung für ihre Fegefeuer in Bibelzitaten.

1. Markieren Sie bitte alle Wörter, die Sie <u>kennen</u>; außerdem auch Wortteile.
2. Schreiben Sie die Wörter auf.
3. Versuchen Sie, in <u>einem</u> Satz zu sagen, worum es in dem Text geht.
   Beginnen Sie etwa so: *In den USA gibt es ...*
   oder: *Der Text handelt von Leuten in Amerika, die ...*
4. Fragen Sie Ihre Kollegen, ob sie vielleicht mehr als Sie verstanden haben.
5. Jetzt lesen Sie den Text noch einmal durch und sehen sich das Foto noch einmal genau an. Dann versuchen Sie, Ihren Satz, den Sie unter 3. formuliert haben, zu ergänzen.

10.5 Was interessiert Sie davon?

Probieren Sie dasselbe mit den folgenden vier Texten. Erst **1.** bis **3.** zu jedem Text. Danach lösen Sie **4.** und **5.** in der Gruppe.

Justiz

Lieber daheim in den Knast

Wenn ein Gesetz über internationale Rechtshilfe in Kraft tritt, können im Ausland verurteilte Deutsche ihre Strafen in der Bundesrepublik absitzen

Umwelt

Wirbel um tödlichen Staub

Obwohl seit Jahren bekannt ist, daß Asbest Krebs erzeugt, streiten sich die Bonner Politiker um ein Verbot der weitverbreiteten mineralischen Faser

Arbeitsrecht

Muß ein Drucker alles drucken?

Ein Facharbeiter weigerte sich, Prospekte für kriegsverherrlichende Bücher herzustellen. Jetzt streitet er mit der Firma über die fristlose Kündigung

Verkehrsrecht

Schein-Rettung aus dem Ausland

Autofahrer, denen der Führerschein entzogen wurde und die sich eine ausländische Fahrerlaubnis beschafft haben, können ins Gefängnis kommen

Schlagzeilen   10

10.6 Testen Sie sich selbst!

Lesen Sie <u>einen</u> dieser Texte nach der gleichen Methode.
Sagen Sie kurz, warum Sie gerade diesen Text gewählt haben und worum es in dem Text geht.

Asylrecht

»Da kennt man nur noch Deutsche«

Durch Visumzwang, Arbeitsverbot und Beschneidung des Rechtsweges wollen Bundesregierung und Bundesländer Asylsuchende abschrecken.

Warteschlangen vor der Ausländerbehörde in Westberlin
Nur 10 bis 15 Prozent werden noch anerkannt

EL SALVADOR

Verbrannte Erde

In der Provinz Morazán ermordeten Regierungstruppen etwa neunhundert Zivilisten. Den Guerrilleros aber kommen sie nicht bei.

ÄRZTE

Berg der Worte

Ein holländischer Mediziner untersuchte die ärztliche „Geheimsprache": Ein Durchschnittsarzt kann seinem Patienten mit 15 000 unverständlichen Wörtern imponieren.

TECHNIK

Brodelnde Pfütze

Sechs unterirdische Atomexplosionen der Sowjets registrierten westliche Experten letzten September – vermutlich Teil eines umfangreichen Programms zur großtechnischen Nutzung von Atomladungen.

SCHWEIZ

Faust im Sack

Die Schweizer wollen eine starke Armee. Aber Land für Übungsplätze können die Militärs nur mit größter Mühe beschaffen.

LONDON

Tolles Fahren

Der Stadtrat senkte die berüchtigt hohen Fahrpreise der U-Bahn – und will dafür die Steuern rabiat erhöhen.

WEIN

Hahn am Karton

Landwein soll billiger werden – er wird in großen Plastikboxen verkauft.

- Nehmen Sie einmal eine Tageszeitung und probieren Sie, ob diese Methode immer funktioniert.
- Versuchen Sie auch, ob Sie nach dem Lesen der Überschrift schon ungefähr sagen können, was Sie über den Inhalt vermuten: Was könnte in dem Zeitungsartikel stehen?

| L | **Lesetips**

Fragen

- Lesen Sie in Ihrer Muttersprache eine Zeitung? Welche?
- Warum lesen Sie Zeitung?
- Was lesen Sie in einer Zeitung zuerst? Warum?
- Lesen Sie auch eine Zeitschrift in Ihrer Muttersprache? Welche?
- Was lesen Sie auf einer Zeitungs- oder Zeitschriftenseite zuerst? Wohin sehen Sie zuerst?
- Wie entscheiden Sie, welchen Artikel Sie lesen?

Nehmen Sie eine Zeitung in die Hand und testen Sie sich selbst!

Man liest zuerst die Artikel, von denen man schon ein wenig weiß oder versteht.
In der Fremdsprache Deutsch sollten Sie es nicht anders machen als in Ihrer Muttersprache.

Zeitung

Was man in einer fremdsprachigen Zeitung am leichtesten versteht:

> Zahlen Daten Fotos Bilder

1. Fotos, Graphiken, Statistiken <u>genau</u> ansehen!
2. Bekannte Wörter im Auge behalten! Konzentrieren Sie sich auf Wörter, die Sie kennen!
3. Unbekannte Wörter zuerst ignorieren!
4. Überschrift genau ansehen!
5. Komposita (Wörter aus mehreren Teilen) genau ansehen! Vielleicht verstehen Sie ein Stück davon.
6. Schwere Texte mit Hilfe der W-Fragen (*Wer? Was? Wo?* usw.) analysieren!
7. Schwere Textpassagen mehrmals lesen!
8. Wenn möglich, Deutsche nach der Bedeutung von fremden Wörtern fragen!
9. Wörterbuch erst dann benutzen, wenn Sie Details verstehen möchten!
10. Lesen täglich trainieren!

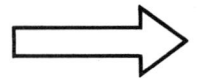

⇒ Man muß nicht von <u>jedem</u> Text <u>jedes</u> Wort verstehen!

Sensation!!   11

11.1 Etwas Sensationelles ist geschehen

Zum Glück war ein Fotoreporter zur Stelle. Er hat ein paar gute Fotos gemacht. Hier sind sie:

53

11 Sensation!!

④

11.2 Sehen Sie sich Seite 53 und 54 oben genau an:

Was meinen Sie? Was ist hier passiert? Versuchen Sie einmal, aus den Fotos Informationen „herauszulesen":

a. Was macht die Polizei auf Foto ①?
b. Worauf zeigt der Pfeil auf Foto ③?
c. Wo sind die Männer auf Foto ②?
d. Was machen die Polizisten auf Foto ④?

11.3 Hier sind die Bildunterschriften zu den vier Fotos:

Welche Unterschrift gehört zu welchem Foto?
Suchen Sie im Text nach Informationen, die auch das Foto gibt.

Foto Nr.

IN EINER TÜTE (Pfeil) hatten die unbekannten Täter den Sprengkörper vor einem Bankhaus abgelegt.	
NIEMAND KAM DURCH die Absperrungen der Polizei, die mit einer Hundertschaft angerückt war.	
DAS ENTSCHÄRFEN der gefährlichen Bombe erledigten die Feuerwerker in nur wenigen Minuten.	
GESPERRT war für den Autoverkehr die Trankgasse. Nur von der Domplatte aus konnten Schaulustige die Aktionen der Polizei verfolgen.	

11.4 Welche Informationen haben Sie bis jetzt?

Notieren Sie kurz:

a. Wo ist das passiert? _____
b. Welches Objekt ist wichtig? _____
c. Wer ist dort beruflich? _____
d. Wer ist dort privat? _____

Sensation!!

11

11.5

Am Dom tickte eine Bombe

Polizei riegelte Bahnhofsvorplatz ab – Sprengkörper entschärft

1 Gespenstische Leere herrschte am Samstagvormittag um 10.30 Uhr auf dem Bahnhofsvorplatz, auf dem sich sonst zu dieser Tageszeit die Menschen drängen. Eine Polizeihundertschaft hatte den Platz hermetisch abgeriegelt, nachdem vor
5 dem Eingang der türkischen „Pamuk" Bank im Deichmann-Haus eine Plastiktüte mit einer Zeitzünderbombe entdeckt worden war.

Ein Passant hatte die Tüte mit dem brisanten Inhalt gefunden und die Polizei alarmiert. Die hatte daraufhin in Windes-
10 eile den Fundort weiträumig abgesperrt, obwohl dies gerade hier fast unmöglich schien. Die Straßen, viele Rolltreppen, die Bahnhofsausgänge und die Domplatte mußten abgeriegelt werden. Doch keiner der vielen hundert Schaulustigen schlüpfte durch die Polizeiketten.

15 Kurz vor 11 Uhr raste ein roter Lieferwagen mit Blaulicht und Martinshorn heran. Drei Sprengstoffspezialisten sprangen aus dem Wagen; einer begutachtete die Bombe, holte Werkzeug. Keine zwei Minuten später signalisierte der Bombenexperte: Der 300 Gramm schwere Sprengkörper ist entschärft.

20 „Wenn die Bombe explodiert wäre, hätte es wahrscheinlich Tote und Verletzte gegeben, und sogar im Hauptbahnhof wären noch die Scheiben zu Bruch gegangen", sagte später ein Polizeisprecher. Der Anschlag galt offenbar der türkischen Bank. Am gleichen Tag war in Dortmund in einer türkischen
25 Ladenpassage ein Sprengsatz hochgegangen. Die Polizei hat bisher keine Hinweise auf mögliche Täter.   tu.

ticken	das Geräusch, das eine Uhr macht: eine Uhr tickt
abriegeln	absperren, blockieren
-r Sprengkörper	Bombe
gespenstische Leere	so leer, daß man Angst bekommt
-e Zeitzünderbombe	Bombe, die durch eine Uhr explodiert
entdecken	finden
-r Fundort	Platz/Ort, wo man etwas findet
absperren	abriegeln, blockieren
schlüpfen	hindurchgehen: eine Maus schlüpft in ihr Loch
-s Martinshorn	das, was man hört, wenn ein Krankenwagen oder ein Polizeiauto kommt
-r Sprengstoffspezialist	Bombenexperte
der Anschlag galt der türkischen Bank	das Attentat hatte die türkische Bank zum Ziel
hochgehen	explodieren

11.6 Vergleichen Sie die Bildunterschriften mit dem Bericht:

So steht es unter dem Bild:

a. der Sprengkörper, die gefährliche Bombe

b. vor einem Bankhaus

c. die Feuerwerker

d. in wenigen Minuten

e. die Trankgasse

f. unbekannte Täter

Wie heißen die Wörter im Bericht?

Zeitzünderbombe, Bombe, Sprengsatz

_____

_____

_____

_____

_____

11.7 Zeile 20–23 im Bericht *11.5*

Lesen Sie genau, was der Polizeisprecher sagt.
Beschreibt er   a. was passiert ist?
                b. was jetzt passiert?
                c. was hätte passieren können?

Beenden Sie jetzt diesen Satz richtig:
Er beschreibt, was wahrscheinlich passiert wäre, wenn

55

11 Sensation!!

11.8 Finden Sie die fehlenden Wortteile

In dem Text *Am Dom tickte eine Bombe* gibt es viele Komposita, also zusammengesetzte Wörter.

a. **Spreng**stoff **spezialist**
(Experte für Bomben)

b. _____hundert_____
(2 × 50 Männer in Uniform)

c. Liefer_____
(bringt Waren)

d. Werk_____
(z. B. ein Hammer, eine Feile)

e. _____tag_____
(ein Morgen am Wochenende)

f. _____bahn_____
(große Haltestelle für Züge)

g. _____ort
(Platz, wo man sagt: „Ah, da ist es!")

h. Plastik_____
(bekommt man an der Kasse im Supermarkt)

i. _____zünder_____
(explodiert nicht sofort, aber pünktlich)

j. _____lustige
(neugierige Leute)

k. _____aus_____
(viele Leute mit Koffern kommen da raus)

l. _____licht
(dreht sich auf einem Auto)

m. _____horn
(tatü-tata)

n. Roll_____
(bringt mich nach oben)

o. _____kette
(hält neugierige Leute zurück)

p. Tages_____
(z. B. der Abend)

11.9 Suchen Sie die Komposita im Text *11.5*

Machen Sie zwischen den Wortteilen einen Strich.
Beispiel: *Samstag/vormittag* oder *hoch/gegangen*

Die einzelnen Wörter können Sie dann leichter im Wörterbuch finden. – Achtung! Manche Komposita sind ein Begriff!
Beispiel: *Bahnhof* oder *Hinweis*

Komposita gibt es in vielen Kombinationen, z.B.:

Nomen + Nomen	*Windes/eile*
Verb + Nomen	*Roll/treppe*
Verb + Adjektiv	*schau/lustig*
Adjektiv + Nomen	*Blau/licht*
Verb + Nomen + Nomen	*Spreng/stoff/spezialist*
Präposition + Nomen	*An/schlag*

Wie findet man die Wortteile im Kompositum? Leider gibt es keine Regel, aber Sie können es versuchen:

- nach *en, er, es*
- vor oder nach *s*
- bei drei oder mehr Konsonanten
- nach einer Silbe oder bei Trennungen

Nachrichten |12|

12.1 Kennen Sie diese Redewendung?

„Er wirft sein Geld mit beiden Händen zum Fenster raus."
Man sagt das bei Menschen, die viel Geld für unwichtige Dinge ausgeben.

Nun sehen Sie sich dieses Bild an:

– Was macht dieser Mann?
– Warum macht er das wohl?
– Was denken die Passanten?

12.2 Nun lesen Sie mal diese Nachricht!

Diamantenhändler warf Geld aus dem Fenster

Mainz (dpa). Ein Mainzer Diamantenhändler hat sein Geld im wahrsten Sinne des Wortes mit beiden Händen zum Fenster hinausgeworfen: Insgesamt 20 000 Mark in 500- und 1000-Mark-Scheinen regneten auf verdutzte Passanten herab. Die von ihnen alarmierte Polizei konnte gerade noch verhindern, daß der 60jährige noch zusätzlich 25 000 Mark Bargeld aus einem geöffneten Tresor ins Freie beförderte. In dem Tresor lagen auch Edelsteine, deren Wert noch nicht feststeht. Der Diamantenhändler, der auf die Beamten einen geistig verstörten Eindruck machte, wurde in eine Klinik gebracht. Das Geld konnte wieder eingesammelt werden.

Notieren Sie kurz das Wichtigste:

Wer   tut was?

Der Diamanten-
händler   _____

Die Passanten   _____

Die Polizei   _____

12.3 Und hier ein paar Details:

a. Die Passanten waren *verdutzt*. Heißt das:

  A ☐ Sie waren glücklich.
  B ☐ Sie waren erstaunt.
  C ☐ Sie waren böse.

b. Was steht in diesem Satz:
Die von ihnen alarmierte Polizei konnte gerade noch verhindern, daß der 60jährige noch zusätzlich 25 000 Mark Bargeld aus dem geöffneten Tresor ins Freie beförderte.

  A ☐ Der Mann wollte noch mehr Geld hinauswerfen.
  B ☐ Er wollte den Tresor mit 25 000 Mark hinauswerfen.
  C ☐ Im letzten Moment brachte die Polizei den Tresor ins Freie.

c. Der Diamantenhändler machte auf die Polizisten einen *verstörten* Eindruck. Heißt das:

  A ☐ Die Polizei hat den Mann gestört.
  B ☐ Der Mann ist sehr generös.
  C ☐ Der Mann ist krank.

d. In was für eine Klinik wurde der Mann wohl gebracht?

  A ☐ In eine Nervenklinik.
  B ☐ In eine chirurgische Ambulanz.
  C ☐ In eine Unfallklinik.

①
Hundertjährigem Chinesen wachsen wieder Zähne

P e k i n g (ap). Im Alter von 100 Jahren sind einem chinesischen Bauern jetzt wieder Zähne gewachsen. Nach offiziellen Angaben kann sich der am 12. Dezember 1881 geborene Lou Shijun aus der Provinz Kiangsi über elf neue Zähne im Ober- und 16 im Unterkiefer freuen. Luo ernährte sich Zeit seines Lebens von Süßigkeiten, Erdnüssen, Bohnen, Quark, Eiern und Paprikaschoten mit Reis. Allerdings vermied er Öl in der Nahrung, rauchte und trank nicht.

②
68jähriger Italiener radelte um die Welt

R o m (dpa). Ganz Foiano della Chiana – ein kleiner Ort in der toskanischen Provinz Arezzo – war auf den Beinen, um den 68jährigen Euclide Presenzini nach seiner Radfahrt rund um die Welt feierlich zu empfangen. Presenzini, ein pensionierter Verkäufer, war am 18. Juli vorigen Jahres mit seinem Stahlroß von seinem Heimatort aus gestartet, mit neun Kilogramm Gepäck und 2,5 Millionen Lire (rund 5000 Mark) in der Tasche.

Der unternehmungslustige und rüstige Rentner hat in achteinhalb Monaten auf seinem Rad rund 40000 Kilometer zurückgelegt. Er fuhr durch die Bundesrepublik, Luxemburg, Belgien, die Niederlande und England, durch die USA und Mexiko. Er bewältigte Taiwan, Japan, Thailand, Indien, den Sudan, Ägypten, Israel, Griechenland, Bulgarien und schließlich, ehe es wieder in die italienische Heimat ging, auch noch Jugoslawien.

③
In Australien
Hai tötet Surfer

S y d n e y (ap). Beim Surfen ist ein 20jähriger Australier von einem Hai angegriffen und getötet worden. Wie die Polizei mitteilte, war der Surfer mit seinem Brett nur 180 Meter von einem Strand bei Byron Bay entfernt, als der Raubfisch angriff und dem Sportler beide Beine zerfleischte. Obwohl mehrere Freunde ihn noch zum Strand und in ein Krankenhaus brachten, kam für den 20jährigen jede Hilfe zu spät.

④
120 Mark Geldstrafe für Nacktbaden auf Rhodos

A t h e n (dpa). Teuer kam einem jungen Touristenpaar aus Boppard am Rhein ein textilfreies Sonnenbad am Hauptstrand von Rhodos zu stehen. Ein 26jähriger Lehrer und seine 17jährige Freundin, die sich arglos rundum bräunen lassen wollten, wurden wegen Erregung öffentlichen Ärgernisses vom Schnellgericht zu je 3000 Drachmen (rund 120 Mark) Geldstrafe verurteilt.

⑤
Rien ne va plus

SAN REMO, 31. Mai (dpa). 112 Croupiers und Stammkunden des Spielcasinos von San Remo an der italienischen Adria müssen bis zu acht Jahre ins Gefängnis. Die Croupiers hatten Spielern, die gar nicht gewonnen hatten, Gewinne ausgezahlt, und diese hatten die Gewinne dann mit den Croupiers geteilt. Durch diesen großangelegten Schwindel gingen dem Casino schätzungsweise umgerechnet rund 20 bis 40 Millionen Mark verloren. Der Betrug war im Januar 1981 aufgeflogen, weil der aufwendige Lebensstil einiger Croupiers auffiel, die sich beispielsweise für Feste Delikatessen extra aus London einfliegen ließen.

⑥
Auch Polizeibeamte lesen Zeitung
Verliebt, verlobt, verraten

D a r m s t a d t (dpa). Vier Monate lang glückte es einem Darmstädter, sich vor der Polizei zu verstecken – bei einer Freundin, die er so lieb gewann, daß er stolz eine Verlobungsanzeige in die Zeitung rücken ließ. Mit voller Adresse. Doch nicht nur Freunde und wohlmeinende Verwandte, auch aufmerksame Polizisten lasen das aufschlußreiche Inserat. Sie brauchten sich nur noch in den Streifenwagen zu setzen und zum angegebenen Wohnort zu fahren. Das junge Glück fiel aus allen Wolken, und die Braut sah ihren wegen eines Eigentumsdelikts gesuchten Freund für 14 Monate hinter Gittern entschwinden.

⑦
Italien
Terrorist im Schlaf gefaßt

N e a p e l (dpa). Spezialeinheiten der italienischen Polizei haben einen mutmaßlichen Anführer der „Roten Brigaden" in Neapel verhaftet. Der 32jährige Mauro Canfora wurde nach einer Mitteilung der Polizei auf einer Bank im Wartesaal der Hafenstadt schlafend überrascht. Ihm sei keine Zeit mehr geblieben, zur Waffe zu greifen, die er bei sich trug.

⑧
Weil Wohnungen knapp sind
Ägyptische Studenten wollen geschiedene Frauen heiraten

K a i r o (dpa). Drei von vier ägyptischen Studenten würden am liebsten geschiedene Frauen heiraten – nicht wegen der größeren Erfahrung, sondern weil diese meistens eine Wohnung haben. Das hat eine Kairoer Universitätsprofessorin bei einer Umfrage unter 500 unverheirateten ägyptischen Studenten herausgefunden. Eine Wohnung zu finden, gilt in Ägypten als schwierigstes Problem junger heiratswilliger Männer.

Nachrichten | 12

12.4 Links stehen ein paar Nachrichten

Wählen Sie eine oder zwei aus, die Sie interessieren. Lesen Sie den Text und notieren Sie dabei die Antworten auf die Fragen:

a.

wer?	wo?	wann?	warum?

b. Können Sie andere Fragen zu dem Text stellen, die mit *woher, wem, wen, wohin, wieviel* oder anderen *W*-Fragen beginnen?

c. Erzählen Sie dann ganz kurz das Wichtigste aus Ihren Texten oder schreiben Sie es auf.

12.5 Kreuzworträtsel (ß = ss)

Waagerecht:

1 Damit fahren Polizisten durch die Stadt.
6 Personalpronomen
8 Er hat den Australier getötet.
9 Was war Euclide Presenzini früher von Beruf?
10 Zum Frühstück bitte zwei _____.
12 Was hatte der Terrorist in der Tasche?
14 Der Schlüssel paßt nicht ins _____.
17 Was ist der 100jährige Chinese von Beruf?
18 Abkürzung für *circa*
20 *W*-Frage (Zeit)
21 Nachtvogel
22 Kurz für *Abitur*
25 Es liegt zwischen zwei Bergen.
27 Sie scheint.
30 Wer hat in Griechenland nackt gebadet?
31 Große Tür
34 Was ist in Ägypten schwer zu finden?
35 Wochentag

Senkrecht:

1 Wo arbeiten Croupiers?
2 Blume
3 Imperativ (du-Form) von *essen*
4 Wo stand die Bank, auf der der Terrorist gefunden wurde?
5 Kleine Tasche für Schreibzeug
6 Was lernen Sie gerade?
7 Der Vater meines Großvaters ist mein _____großvater.
8 Kleidungsstück
11 Hauptstadt von Ägypten
13 Er unterrichtet Sie.
15 Er geht immer _____ und her.
16 Gegenteil von *schmutzig*
19 Artikel
20 Achtung! Das ist eine _____.
23 Präteritum von *bieten*
24 Es liegt im Bett unter meinem Kopf.
26 Hinter dem Haus, voller Blumen und Gemüse.
28 Ich habe leider _____ noch 2 Mark in der Tasche.
29 *W*-Frage (Grund/Ursache)
32 West und _____
33 *W*-Frage (Ort/Platz)

| **Lesetips**

W-Fragen

Jeder Journalist lernt: Ein Bericht muß Antwort auf die „W-Fragen" geben.

> *Wer* hat *was wann* und *wo* gemacht?
> *Wie* ist das passiert?
> *Warum* ist es passiert?

Sicher ist es keine schlechte Idee, diese Fragen auch beim Lesen zu benutzen.

Frage   *Antwort*

wer
was
– Personennamen
– Titel von Personen
– Namen von Institutionen/Organisationen
– also im Subjekt des Satzes

wo
– Ländernamen
– Städtenamen
– Namen von Gebäuden/Straßen/Plätzen
– Präpositionen: *vor, bei, in, neben, an* usw.

wann
– Jahreszahlen
– Datumsangaben
– Wochentage
– Uhrzeiten
– Monate
– präzise Zeitangaben: heute, gestern, vorgestern, morgen, letzte/vorige Woche, im letzten/vorigen Jahr, heute abend, morgen früh
– vage Zeitangaben: bald, demnächst, in Kürze, vor einigen Tagen, in wenigen Wochen

warum
– weil
– da
– denn
– bedingt durch
– verursacht durch
– infolge
– wegen
– zwecks usw.

wie
– mit/mit Hilfe von
– durch/dadurch
– an Hand von
– indem usw.

Wenn Sie in einem Text Antwort auf diese Fragen gefunden haben, haben Sie das Wichtigste verstanden, und <u>das ist oft schon genug</u>.

Täter gesucht

13.1 Täter und Opfer

Sehr viele Zeitungsberichte werden geschrieben, wenn ein Mensch einem anderen Menschen etwas Böses tut, z. B.:

> T tötet O

Sie kennen diese Zeitungsberichte. Es gibt sie auf der ganzen Welt. Worüber wird oft geschrieben?

T _überfällt_ O _in der U-Bahn_   T _____ O _____

T _____ O _____   T _____ O _____

T _____ O _____   T _____ O _____

Sie haben hier Informationen zu den Frageteilen *Wer tut wem was?* gegeben. Wir wollen uns jetzt aber auf eine breitere Fragestellung konzentrieren:

> *Wer tut wem wann wo wie was?*

13.2 Eine kleine Hilfe für solche Berichte

Bevor Sie mit dem Lesen beginnen, überlegen Sie:

- Über welche Täter haben Sie schon sehr oft etwas in der Zeitung gelesen?
- Was sind meistens die Taten/Delikte?
- Wie reagieren die Opfer?

Nun testen Sie sich einmal mit diesem Bericht:

Sabotage an Gondel

exp Lugano – Das Gondel-Drama im Tessin – 120 Kinder und Erwachsene waren teilweise über zwölf Stunden in luftiger Höhe gefangen (EXPRESS berichtete) – ist auf einen Sabotage-Akt zurückzuführen. Ein ehemaliger Angestellter der Seilbahn wurde von der Schweizer Polizei verhaftet. Bereits im Herbst vergangenen Jahres, so vermutet die Kripo, hat er schon einmal einen Anschlag auf die Seilbahn verübt. Damals wurde ein Stromkabel durchgefeilt.

-e Gondel = Kabine einer Seilbahn
ein ehemaliger Angestellter = jemand, der früher für die Firma gearbeitet hat.
-e Kripo = Kriminalpolizei
-r Anschlag = das Attentat
durchfeilen = ungefähr „durchschneiden"

wer:

Ein ehemahliger Angestellter

tut was:

_____

wann wo wie:

_____

wem:

_____

13 Täter gesucht

13.3 Wer waren die Täter?

Suchen Sie in der Nachricht

a. *drei junge Männer*

b. _____

c. _____

d. _____

13.4 Wer waren die Opfer?

Suchen Sie im Bericht

a. _____

b. _____

c. _____

d. _____

13.5 In welchem Bericht steht, daß …

a. die Polizei drei von fünf Tätern hat? ☐
b. der Täter sich selbst verletzt hat? ☐
c. der Raubüberfall vor der Bank war? ☐
d. der Täter Fahrerflucht beging? ☐
e. der Täter einen Komplizen mit einem Moped hatte? ☐
f. eine schreckliche Tat aus Unsinn entstanden ist? ☐
g. sich die Täter auf Kosten anderer Leute einen schönen Abend machen wollten? ☐
h. die Täter keinen Erfolg hatten? ☐

13.6 In einer anderen Zeitung …

stand dieser Bericht. Er „erzählt" dieselbe Sache wie der

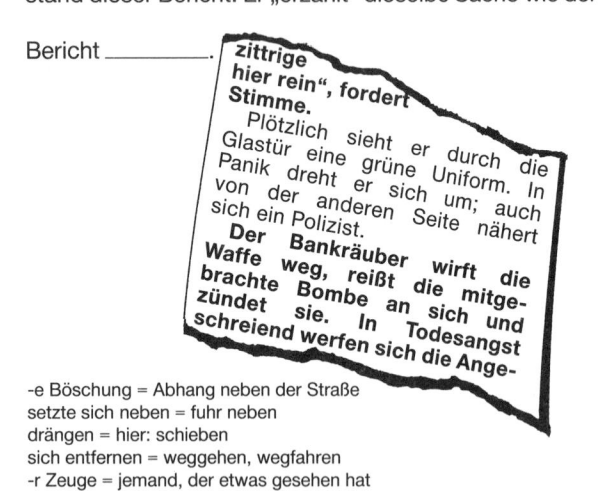

Bericht _____

> … zittrige hier rein", fordert Stimme.
> Plötzlich sieht er durch die Glastür eine grüne Uniform. In Panik dreht er sich um; auch von der anderen Seite nähert sich ein Polizist.
> Der Bankräuber wirft die Waffe weg, reißt die mitgebrachte Bombe an sich und zündet sie. In Todesangst schreiend werfen sich die Ange-

-e Böschung = Abhang neben der Straße
setzte sich neben = fuhr neben
drängen = hier: schieben
sich entfernen = weggehen, wegfahren
-r Zeuge = jemand, der etwas gesehen hat
lebensgefährlich = er stirbt vielleicht
versucht = ohne Erfolg
-s Eintreffen = Ankommen
-e Zeche = eine Rechnung für Speisen und Getränke
-r Zechpreller = jemand, der seine Zeche nicht bezahlt
-r Stammgast = jemand, der regelmäßig in dieselbe Gaststätte geht
-e Beute = das, was ein Räuber oder Dieb mitnimmt
-e Geldbombe = Metallbox, in der man Geld zur Bank bringt
-r Plastikbeutel = Tasche aus Plastik
fliehen = weglaufen

a. Böser Flirt

Cölbe (red). Mit einem gebrochenen Fuß mußte am Donnerstag, 8. Juli, eine Mofafahrerin in die Klinik eingeliefert werden, nachdem sie drei junge Männer mit ihrem Fahrzeug eine Böschung hinuntergedrängt hatten. Das Mädchen und die Täter befuhren gegen 17.45 Uhr die B 3 von Cölbe kommend in Richtung Bernsdorf. Rund 200 Meter hinter dem Cölber Eck setzte sich der Pkw neben das Mofa und der Beifahrer begann, auf dreiste Art und Weise mit der jungen Frau zu flirten. Dabei geriet der Kraftwagen gegen das Mofa und drängte es die Böschung hinab. Anschließend entfernten sich die Männer von der Unfallstelle, ohne sich um die Verletzte zu kümmern. In diesem Zusammenhang sucht die Polizei Zeugen, die einen schwarzen VW Golf mit goldfarbenen Speichen-Radkappen gesehen haben. Der Beifahrer wird wie folgt beschrieben: Blond gelockt, trug viel Schmuck, unter anderem auch Ohrringe. Auf dem Rücksitz saß ein junger Mann mit Brille. Hinweise bitte an die Polizei Cölbe, Tel. 06421/81066.

b. Räuber von eigener Bombe verletzt

Hannover (dpa) – Lebensgefährlich verletzt wurde ein etwa 40jähriger Mann, der gestern bei einem versuchten Raubüberfall auf die Stadtsparkasse Hannover eine mitgebrachte Bombe zündete. Zwei Bankangestellte wurden leicht verletzt. Am Tatort fand die Polizei auch eine Maschinenpistole. Der Mann hatte eine Angestellte mit einer flaschenförmigen Bombe bedroht und Geld gefordert. Beim Eintreffen der Polizei zündete er den Sprengsatz.

c. Wirt freute sich zu früh über Zeche

Der Wirt einer Ehrenfelder Gaststätte war sehr zufrieden, allerdings nur kurze Zeit. In der Nacht zum Donnerstag hatten fünf Männer innerhalb von zweieinhalb Stunden eine Zeche von 510 Mark gemacht. Als sie dann, zu bezahlen, verschwinden wollten, war es mit der Gemütlichkeit vorbei. Drei der Zechpreller konnten von Stammgästen und dem Wirt festgehalten und der Polizei übergeben werden. WB

d. Räuber mußten ohne Beute fliehen

Ohne Beute mußten zwei bisher unbekannte Räuber nach einem Überfall auf einen 57 Jahre alten Geldboten an der Ostheimer Straße flüchten. Der Bote hatte eine Geldbombe mit etwa 12 000 Mark in den Nachttresor einer Bank einwerfen wollen. Plötzlich entriß ihm ein Mann den Plastikbeutel mit der Geldbombe und versuchte damit zu fliehen. Der Bote stürzte sich auf den Räuber, der dem Überfallenen daraufhin Tränengas ins Gesicht sprühte. Trotzdem verfolgte der Bote den Räuber und rief schließlich zwei Passanten zu Hilfe. Da gab der Täter auf und übergab einem seiner Verfolger den Plastikbeutel. Dann flüchtete er zu Fuß weiter. Sein Komplize entkam auf einem Moped. si

Täter gesucht

13.7 Die Journalisten schreiben nach diesem Schema:

① Ein Bericht beginnt „am Ende", d.h. mit dem sensationellen Ereignis, z.B. mit der Zahl der Opfer.
Oft steht schon in der Überschrift, was die Folgen oder Ursachen der Tat waren.

② Dann geht der Bericht zurück zum Anfang des Ereignisses (an dieser Stelle findet man mindestens ein Verb in der Plusquamperfekt-Form) und erzählt genau, wie es zu der Tat kommen konnte.

③ Manchmal erfahren wir am Ende noch, was nach der Tat passiert ist, z.B. daß die Polizei den Täter noch sucht.

- Grammatikalisch finden wir in Berichten:
  - viele Partizipialstrukturen statt Relativsätzen
  - einige Passiv-Formen
  - manchmal Konkunktiv I-Formen bei indirekter Rede

13.8 Ein schrecklicher Unfall

Schwerer Verkehrsunfall
20jähriger starb sofort

Einen Toten und drei Schwerverletzte forderte ein schwerer Verkehrsunfall, der sich gestern abend gegen 17.30 Uhr auf der Straße zwischen Heskem und Hachborn auf Höhe der Gemeinde Ebsdorf ereignete. Ein Pkw aus Gießen und ein entgegenkommender Kleinbus einer Marburger Baufirma waren mit hoher Geschwindigkeit zusammengestoßen. Der 20jährige Gießener Fahrer des Pkw konnte nur noch tot von der Feuerwehr mit Hilfe einer Rettungsschere aus den Trümmern seines Wagens geborgen werden. Die drei Insassen des Kleinbusses wurden schwer verletzt in die Marburger Universitätsklinik eingeliefert. Über die genaue Unfallursache sowie über die Fahrtrichtung der am Unfall beteiligten und total zerstörten Fahrzeuge bestand bei Redaktionsschluß noch völlige Unklarheit, zumal keine Zeugenaussagen vorlagen. Unser Bild zeigt links den Pkw, den Feuerwehrleute gerade aufschneiden, und rechts die Trümmer des Kleinbusses, der durch die Wucht des Aufpralls auf die Seite geschleudert wurde.
OP-Foto: pw

a. Finden Sie im Text die Antworten!

Wann geschah der Unfall?
Was waren die Folgen?
Wo ereignete sich der Unfall?
Wer war an dem Unfall beteiligt?
Wie geschah der Unfall?
Warum geschah er?
Wer half den Opfern?

b. Welche *W*-Fragen beantwortet der 1. Satz?

c. Welche *W*-Fragen beantworten die Überschriften?

13 Täter gesucht

13.9 Antworten auf W-Fragen

Sie haben nun viele Texte mit Hilfe der W-Fragen gelesen und wissen, daß diese Ihnen beim Verstehen helfen. Im folgenden Bericht sind Antworten auf die W-Fragen in Form von Anagrammen („Buchstabensalat") geschrieben. Wie heißen die Wörter richtig?

ENLNEGÄDR VERSTECKTE SICH CAHT REHJA UNTER DEM EBUFSSODN SEINER OWHNGNU

Engländer – acht Jahre

CAHT REHJA NALG versteckte sich in ELANGND ein jetzt 42jähriger ENLNEGÄDR, der von der IOPLZIE gesucht wurde, im EGNEIEN AUHS. Die meiste Zeit lebte er in ENEMI HOCL unter dem EBUFSSODN seiner OWHNGNU. Der Mann wurde gesucht wegen eines AFBÜRELSL auf das Haus einer alten Frau im MEEDZBRE 1976. Der Beschuldigte, Norman Green, war ZRUK VRO EWNAHTCHIEN 1976 untergetaucht. Nach Angaben eines Polizeisprechers hatte Green in dem etwa 50 cm FEITNE HOCL unter dem EBUFSSODN des bei Wigan in ELANGND gelegenen Hauses INE TETB. NOV ERSIEN UARF wurde er mit Essen und Trinken versorgt. Manchmal verließ er NCTAHS das Versteck. Über dem Einstieg in das Versteck lag INE HIPETPC und stand INE FOSA. Nach Angaben der Familie hat Green NERHÄWD RED CAHT REHJA fast 45 KOLI WEGCHIT verloren.

13.10 Berichtsalat

Diese zwei Berichte sind durcheinander geraten. Können Sie sie wieder richtig zusammensetzen? Lesen Sie zuerst noch einmal, was unter *13.7* steht!

a. Bericht A

Nr. ___ ___

b. Bericht B

Nr. ___ ___

c. Markieren Sie alle Verben, die im Plusquamperfekt stehen.

A Mit Luftgewehr auf Beamte gefeuert

① 70000 Mark Sachschaden entstand am Wochenende bei einem Wohnungsbrand in der Deutz-Kalker-Straße.

② Als die Polizisten an der Wohnung klingelten, öffnete der Mann die Tür und eröffnete das Feuer. Er konnte aber überwältigt werden und wurde vorläufig festgenommen.

③ Die anderen Hausbewohner konnten sich noch rechtzeitig in Sicherheit bringen. Die Feuerwehr bekam den Brand schnell unter Kontrolle und konnte das Feuer löschen, bevor es auf andere Wohnungen übergriff.

B Wohnungsbrand aus Unachtsamkeit

④ Mit Schüssen aus einem Luftgewehr empfing am Sonntagmorgen ein stark angetrunkener 26jähriger eine Polizeistreife in Nippes.

⑤ Ein 24jähriger Mann war im Wohnzimmer seiner Wohnung mit einer brennenden Zigarette in der Hand eingeschlafen und wurde erst wach, als das gesamte Mobiliar bereits in Flammen stand.

⑥ Die Beamten waren von Anwohnern gerufen worden, die sich über den Lärm beschwert hatten.

Geld   14

14.1 Was kostet das?

Wenn man in ein fremdes Land kommt, interessiert man sich sofort für die Preise der verschiedenen Dinge, z. B. was kostet hier eine Tasse Kaffee, ein Liter Superbenzin, eine Postkarte usw.?

Machen Sie doch einmal eine kleine Statistik, um die Preise zu vergleichen!
Was interessiert Sie?

Der Preis für:

	in Ihrem Land	in der Bundesrepublik Deutschland	in ....
1 Tasse Kaffee			
1 Liter Superbenzin			
1 Postkarte			

Sie haben sicher Preisunterschiede festgestellt. Versuchen Sie doch einmal, eine Erklärung für die verschiedenen Preise zu geben.

14.2 Soviel kosten diese Waren in D-Mark*

Land	Auto (BMW 320)	Auto (VW Golf GTI)	Motorrad (Suzuki TS 125)	Super-Benzin (1 Liter)	elektr. Schreibmaschine (Triumph-Adler)	Cassetten-Recorder (Sony Walkman)	Kugelschreiber (Mont Blanc Noblesse)	Langspiel-Platte (Deutsche Grammophon)	Butter (1 Kilo)	Zucker (1 Kilo)	20 Zigaretten (Camel)
Belgien	22 381	19 788	2 324	1,55	2 958	433	103	23	9,50	1,60	2,50
Bundesrepublik	22 300	18 575	3 199	1,46	3 045	350	125	22	9,00	1,60	3,00
Dänemark	41 957	43 670	3 640	1,74	3 733	521	161	26	8,75	3,35	6,05
Frankreich	28 424	22 429	2 851	1,77	3 267	514	130	24	4,75	1,40	2,75
Griechenland	97 985	56 305	–	1,78	3 441	890	299	21	12,45	2,00	1,55
Großbritannien	29 899	26 981	2 892	1,61	2 870	384	128	21	8,30	1,65	4,05
Irland	38 210	21 136	–	1,79	3 407	426	116	21	4,60	3,50	3,45
Italien	23 284	20 353	–	1,94	3 671	460	125	20	12,00	1,95	2,45
Luxemburg	19 862	17 324	2 555	1,27	2 912	387	129	25	8,40	2,35	1,95
Niederlande	27 940	23 984	2 911	1,57	3 263	364	133	23	9,30	1,95	2,50

* Preise im Ausland, umgerechnet zum Devisenkurs

14 Geld

14.3 Markieren Sie im Text alle Wörter und Zahlen, die Sie in der Grafik wiederfinden.

Trotz Teuerung mehr gespart

B o n n (gl). „Wo ist das Geld nur wieder geblieben?" Auf diesen allmonatlichen Stoßseufzer der Hausfrauen wissen in der Bundesrepublik zumindest 380 Familien eine genaue Antwort. Es sind jene Arbeitnehmerhaushalte mit mittleren Einkommen und vier Personen, die für das Statistische Bundesamt täglich über ihre Ausgaben und Einnahmen Buch führen. Sie hatten 1981 im Durchschnitt monatlich 3198 Mark zur Verfügung. Rund die Hälfte der Ausgaben brauchten die Haushalte für Wohnung, Essen, Heizung und Kleidung. Aber bei diesen Grundbedürfnissen haben sie sich 1981 deutlich zurückgehalten. Trotz zum Teil starker Preissteigerungen (Energie!) gaben sie 1981 für diese Zwecke nur wenig mehr aus als 1980. Um so mehr legten sie beim sogenannten „elastischen" Bedarf zu. Allein für Körper- und Gesundheitspflege hatten sie 15 Prozent mehr übrig als im Jahr zuvor. Gestiegen ist auch die Ersparnis; sie lag mit 426 Mark um 43 Mark höher als im Jahr zuvor. Zum Sparen zählt das Statistische Bundesamt allerdings nicht nur das Geld, das auf die hohe Kante kommt. Eingerechnet ist auch die Tilgung von Schulden; das können z.B. bei Eigenheimen erhebliche Beträge sein. (Grafik: Globus)

-e Teuerung	die jährliche Preissteigerung
-r Stoßseufzer	„Oh je!", „Ach!" usw.
-s mittlere Einkommen	ein durchschnittliches Monatsgehalt
Buch führen	Geldsachen aufschreiben
zur Verfügung	hier: zum Ausgeben
zuvor	vorher
übrig	hier: mehr
-e Ersparnis	das, was man spart
-s Grundbedürfnis	das, was jeder Mensch zum Leben braucht
auf die hohe Kante legen	(idiom.) auf ein Sparkonto, zur Bank bringen
-e Tilgung von Schulden	Geld, das andere mir geliehen haben, nach und nach zurückzahlen

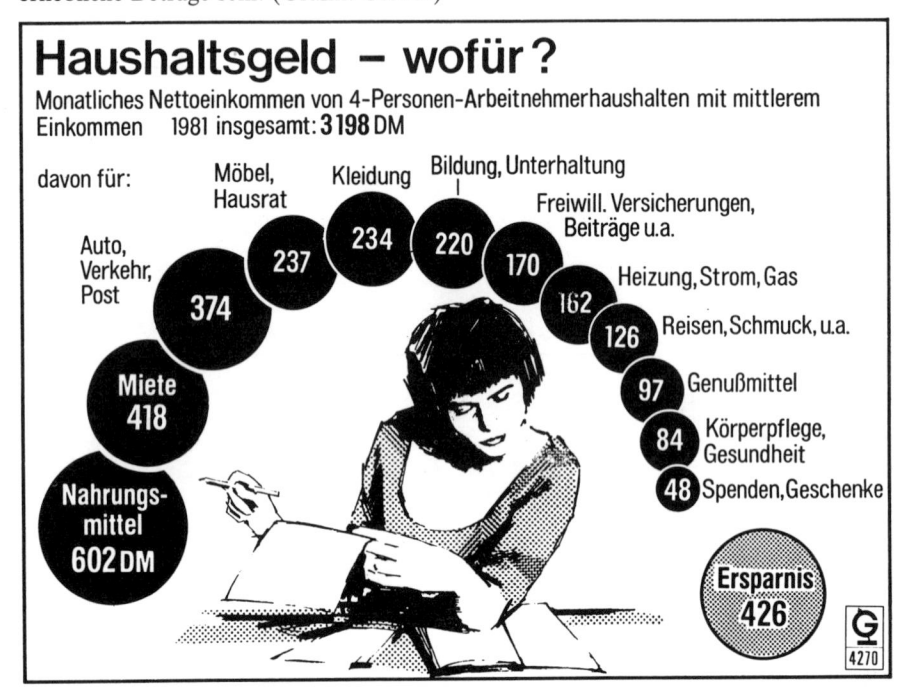

Haushaltsgeld – wofür?

Monatliches Nettoeinkommen von 4-Personen-Arbeitnehmerhaushalten mit mittlerem Einkommen 1981 insgesamt: 3198 DM

davon für:
- Auto, Verkehr, Post: 374
- Möbel, Hausrat: 237
- Kleidung: 234
- Bildung, Unterhaltung: 220
- Freiwill. Versicherungen, Beiträge u.a.: 170
- Heizung, Strom, Gas: 162
- Reisen, Schmuck, u.a.: 126
- Genußmittel: 97
- Körperpflege, Gesundheit: 84
- Spenden, Geschenke: 48
- Miete: 418
- Nahrungsmittel: 602 DM
- Ersparnis: 426

14.4 Welche Informationen gibt der Text?

		r	f
a.	380 Familien schrieben jeden Tag für das Statistische Bundesamt auf, wofür sie Geld ausgaben und was sie einnahmen.	☐	☐
b.	Jede Familie konnte höchstens 3198 Mark pro Monat ausgeben.	☐	☐
c.	Für Grundbedürfnisse gaben sie etwa 50 % ihres Geldes aus.	☐	☐
d.	Das war viel weniger als ein Jahr zuvor.	☐	☐
e.	1980 gaben sie für Körperpflege und Gesundheit 15 % mehr aus.	☐	☐
f.	1981 sparten sie 43 Mark mehr als 1980.	☐	☐
g.	Für die Statistiker bedeutet Sparen auch die Rückzahlung von Schulden.	☐	☐

Geld 14

14.5
Uns blieb mehr Geld in der Haushaltskasse
In den anderen Ländern verschlangen die Preise die Lohnerhöhung

F r a n k f u r t (gl). In nahezu allen westlichen Industrieländern sind die Löhne in den letzten fünf Jahren rascher gestiegen als in der Bundesrepublik. Das gilt allerdings nur Brutto.

Netto – also nach Abzug von Steuern und Sozialausgaben und nach Hinzurechnung von staatlichen Familienleistungen wie Kindergeld – sieht das Bild schon anders aus. Rechnet man darüber hinaus vom Nettolohnanstieg die Preissteigerungen ab, betrachtet man mithin den Kaufkraftanstieg der Verdienste, so haben die deutschen Industriearbeiter am besten abgeschnitten. Ihre Realeinkommen sind von 1976 bis 1981 um 14 Prozent gewachsen.

In anderen Ländern wie Dänemark, Schweden und den USA mußten die Verdiener trotz hoher Lohnsteigerungen ein Kaufkraft-Minus hinnehmen. Der starke Preisanstieg in diesen Ländern hat das Lohn-Plus mehr als aufgezehrt.

	Bruttolohn	Das Geld, das die Firma dem Arbeitnehmer zahlt.
–	*Steuern*	Das Geld, das der Staat direkt kassiert.
–	*Sozialleistungen*	Zahlungen an: Renten-, Arbeitslosen- und Krankenversicherung.
+	*Kindergeld u. a.*	Was der Staat dem Arbeitnehmer mit Familie direkt oder indirekt zahlt.
=	*Nettolohn*	Das Geld, das der Arbeitnehmer in die Hand bekommt.
–	*Preisanstieg*	Die Inflationsrate.
=	*Realeinkommen*	Die Kaufkraft des Einkommens.

a. Die Grafik zeigt,
- [A] daß die Deutschen den höchsten Lebensstandard haben.
- [B] wie die Realeinkommen der Arbeiter in verschiedenen westlichen Ländern in 5 Jahren gestiegen sind.
- [C] daß die Kaufkraft der Einkommen in den meisten westlichen Ländern in 5 Jahren gefallen ist.

b. In den meisten westlichen Industrienationen
- [A] verdienen die Leute mehr Geld als die Deutschen.
- [B] sind die Bruttolöhne der Arbeiter höher als in Deutschland.
- [C] sind die Bruttoarbeitslöhne schneller gestiegen als in Deutschland.

c. Der Vergleich der Realeinkommen zeigt,
- [A] daß die schwedischen, dänischen und amerikanischen Arbeiter für ihren Lohn immer weniger kaufen können.
- [B] daß die Schweizer und Niederländer gleich sind.
- [C] daß deutsche, italienische und englische Arbeiter für ihren Lohn mehr kaufen können als die meisten anderen.

Das wahre Einkommens-Plus
So stieg die Kaufkraft der Einkommen* von Arbeiterfamilien von 1976 bis 1981
(Industriearbeiter, verheiratet, 2 Kinder)
in %

Bundesrepublik Deutschland +14 | Italien 12,5 | England 12,5 | Belgien 7 | Österreich 4,5 | Japan 4,5 | Niederlande 2 | Schweiz 2 | Frankreich −0,5 | USA −5,5 | Schweden −8 | Dänemark −9,5

*reales Nettoeinkommen einschließlich Kindergeld u.a. Sozialleistungen – z.T. geschätzt

14.6 In den Texten und Grafiken zum Thema *Geld und Preise*

haben Sie viele Wörter und Begriffe gelesen, die für dieses Thema wichtig sind. Hier sind einige, die Sie vielleicht wiedererkennen. Es fehlen alle Vokale *a, e, i, o, u* und Umlaute.

SPRKNT: *Sparkonto*

SCHLDN TLGN: _____

NTTLHN: _____

BRTTGHLT: _____

TRNG: _____

MTTLRS NKMMN: _____

RSPRNS: _____

SGBN: _____

NNHMN: _____

BCH FHRN: _____

PRZNT: _____

RBTNHMRHSHLT: _____

GRNDBDRFNSS: _____

PRSSTGRNG: _____

L   *Lesetips*

Grafiken helfen verstehen

Texte mit Grafiken lesen sich nicht schwer. Beim Lesen helfen besonders
- Zahlen
- Bilder
- Statistiken

Oft stehen im Text nur die Informationen aus der Grafik. Der Text ist also fast eine Übersetzung. Manchmal gibt der Text aber auch noch weitere Informationen.

Damit Sie diese Art von Texten leichter lesen können und die vielen kompakten Informationen besser verstehen, finden Sie hier die wichtigsten Wörter und Ausdrücke.

-r Durchschnitt durchschnittlich im Durchschnitt Durchschnittswert	=	-s Mittel mittler___ im Mittel Mittelwert		*Beispiel:* Jeder Deutsche ißt *im Durchschnitt* 3 470 Kalorien pro Tag. Gesund sind aber nur *durchschnittlich* 2 400 Kalorien.

↗	→	↘

ansteigen
-r Anstieg
steigend
sich erhöhen
in die Höhe gehen
wachsen
-r Zuwachs
zulegen
sich bessern
-e Preis|steigerung
          |erhöhung
-e Teuerung
(sich) |verdoppeln (= ×2)
      |verdreifachen (= ×3)
-s Doppelte
-s Dreifache
	sich halten
	
	gleichbleibend
	
	bleiben
	stagnieren
	-e Stagnation
	halten
	
	-e Preisstabilität
	
	gleich bleiben
	
	-s Gleiche
		fallen
		-r Abfall
		fallend
		sich erniedrigen
		sinken
		schrumpfen
		-r Verlust
		verlieren
		sich verschlechtern
		-e Preisrückgang
		-r Preisverfall
		-e Verbilligung
		
		(sich) halbieren (= :2)
		
		-e Hälfte
		-s Drittel

je pro		*Beispiel:* pro Kopf 3 470 kal 31 $ *je* Barrel

brutto netto		vor den Steuern nach den Steuern

⊖ fast nahezu knapp	⊕ rund etwa ziemlich genau	⊕ gut über mehr als

insgesamt einschließlich … jeder zweite … jeder dritte …		alle zusammen mit … 50 % 33 %

Kuriositäten

15.1 Was glauben Sie? Welche Geschichte ist wahr?

Die Zeitungen sind voll von Katastrophen, großen Unglücken, Kriegen und Unfällen, aber manchmal findet man auch Nachrichten, über die man schmunzeln kann und die den Alltag ein wenig freundlicher machen.

Lügen am laufenden Band

Ein 39jähriger Mann aus Wiesbaden möchte mit einer Alibi-Tonband-Cassette ein Geschäft machen. Auf der Cassette sind Geräusche vom Flughafen, Bahnhof, Fußballplatz, Theaterfoyer usw., und man kann sie beim Telefonieren abspielen. Der oder die Telefonpartner(in) sollen dann glauben, daß man z.B. im Bahnhof oder am Flughafen ist. Eine zweite Cassette soll jetzt auch für Geschäftsleute mit typischen Geräuschen von einer Messe, aus einer Hotelhalle oder aus einem Friseurladen produziert werden.

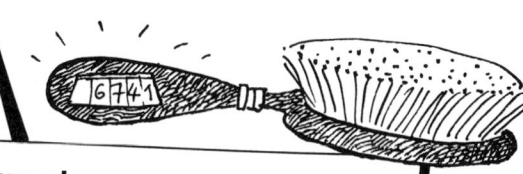

Alarm bei Schwund

Ein neues Gerät ist auf dem Markt: der „Hair Counter" von P. Schneider und W. Thomas aus Frankfurt-Enkheim. Das Gerät sieht aus wie eine Haarbürste, hat aber in jeder Borste einen kleinen Sensor. Beim Haarebürsten wird jedes Haar registriert und ein raffinierter Mechanismus hilft, daß kein Haar zweimal gezählt wird. Ist man fertig mit dem Kämmen, zeigt die Digitalautomatik im Griff die Gesamtzahl der Haare (normal zwischen 60 000 und 90 000) oder die Zahl der ausgegangenen Haare.

159 Jahre – Chicago staunt

Auf dem Chicagoer Flughafen staunten die Beamten: Passagier Sayed Abdul Mabood war nach seinem Reisepaß am 13.12.1823 geboren, also 159 Jahre alt. Der Greis, der im Rollstuhl saß, hatte ein gültiges Dokument aus der Stadt Lahore. Sein Begleiter versicherte, daß das Dokument keine Fälschung sei. Herr Mabood ist im Irak, wo er geboren wurde, ein bekannter heiliger Mann. Er lebt jetzt in Pakistan, hat 14 Söhne, 11 leben noch, der älteste 100 Jahre alt, und über 200 Enkel, Urenkel und Ururenkel.

Affen-Ernte

In Thailand wird bald eine Affenschule eröffnet. Die Tiere sollen in andere Länder exportiert werden, damit sie in der Landwirtschaft helfen können. Der Gouverneur einer südthailändischen Provinz erklärte dazu, Affen könnten unglaublich schnell Kokosnüsse pflücken: acht Stück in 30 Sekunden. Ein Mensch braucht mehrere Minuten, um auf die Palme zu kommen. Ein guter Affe erntet pro Tag bis zu 1400 Kokosnüsse.

15.2 Auf der nächsten Seite finden Sie kuriose Zeitungsartikel

Bevor Sie die Artikel lesen, sollten Sie sich die Überschriften anschauen und überlegen:

Britischer Lord will Whisky auf Rezept	– warum wohl?
Im Sturzflug über das eigene Dach	– wie kann das passieren?
Störung im Unterricht: Pastor erschoß Bären	– ist das normal?
Briefträger streikte – Hunde im Treppenhaus	– was haben die mit ihm gemacht?
Eingesperrter Organist ließ für sich die Glocken läuten	– was ist daran ungewöhnlich?
„Leiche" kam zum eigenen Trauergottesdienst	– wie ist denn so etwas möglich?

Kuriositäten

15.3 Wählen Sie einen Text und lesen ihn mit Hilfe der W-Fragen

In Finnlands hohem Norden
Störung im Unterricht: Pastor erschoß Bären

Inari (dpa). Ein Pastor in der nordfinnischen Gemeinde Inari hat während des Konfirmationsunterrichts einen Bären erschossen. Der Bär hatte den Unterricht der etwa 30 Jugendlichen schon längere Zeit gestört. Als das Raubtier sich wieder dem Gemeindehaus näherte, nahm der Pastor sein Gewehr von der Wand und erlegte es mit einem Schuß aus 300 Metern Entfernung, meldete die finnische Nachrichtenagentur STT gestern.

-e Konfirmation = religiöse Feier
-r Pfarrer = Kirchenmann

Im Sturzflug über das eigene Dach

Stockholm (ap). In der schwedischen Stadt Boras hat ein Mann einen Flug über sein Hausdach in den Nachbargarten mit einigen Knochenbrüchen überlebt. Der Mann war auf das Dach seines Hauses geklettert, um Schnee fortzuschaufeln. Da das Haus keinen Schornstein hatte, befestigte er eine Leine an der Hinterachse seines Autos, führte sie über den Dachfirst und band sie sich dann um die Taille.

Seine nichtsahnende Frau wollte kurz darauf mit dem Auto zum Einkaufen fahren und riß dabei ihren Mann über das Dach in den Heckenzaun.

Zwei Stunden nach Mitternacht
Eingesperrter Organist ließ für sich die Glocken läuten

Würzburg (dpa). Zwei Stunden nach Mitternacht hat in der evangelischen Deutschhaus-Kirche in Würzburg ein Organist seinen Wunsch, nach Hause zu gehen, buchstäblich an die große Glocke gehängt. Der 43jährige – für einen Kollegen eingesprungen – hatte sich auf der Orgel für ein Konzert eingespielt. Als er das verschlossene Gotteshaus verlassen wollte, stellte er fest, daß der ihm überlassene Schlüssel nirgendwo paßte. Daraufhin ließ er zunächst zwei kleine Glocken schüchtern bimmeln und – als alles still blieb – alle vier Glocken erschallen. Eine Polizeistreife, so hieß es gestern, dachte zunächst an Einbrecher. Ein Pfarrer schließlich konnte dem Musiker zur Nachtruhe im eigenen Bett verhelfen.

etwas an die große Glocke hängen
  = allen Leuten erzählen
schüchtern = hier: leise
bimmeln = klingeln

15.4 Mit einem Satz ...

kann man diese Geschichten erzählen. Aber sind sie so richtig?? Wie war die alte Geschichte?

Der 97jährige Lord Shinwell	hat Angst vor 2 Schäferhunden in einem Mietshaus,	
Ein schwedischer Mann	las in der Zeitung, daß seine Beerdigung stattfinden sollte,	
Ein Pfarrer	will Whisky auf Rezept,	weil
Ein 30jähriger Mann	konnte die Kirche nicht verlassen,	
Ein 43jähriger Organist	band ein Seil an sein Auto und um seine Taille und stieg auf das Dach,	
Ein Briefträger aus Schweden	griff zum Gewehr,	

15.5 Und so funktioniert das:

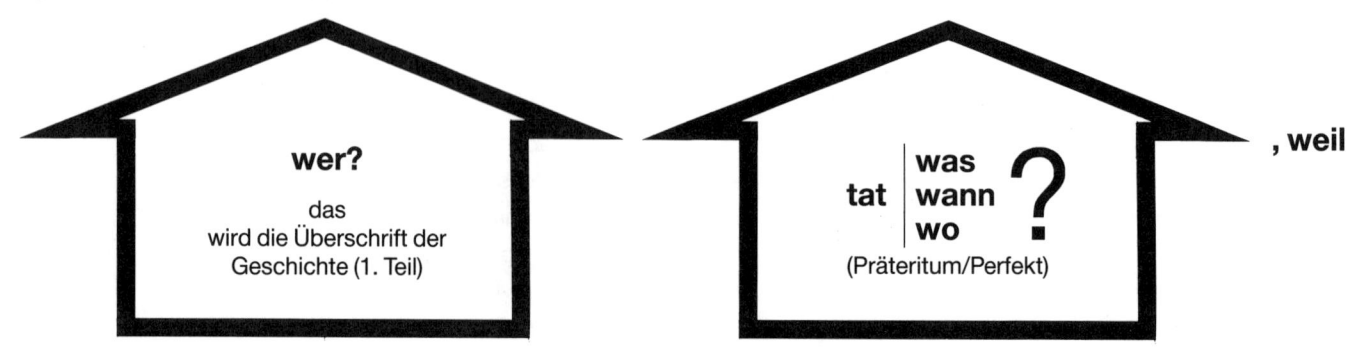

wer?
das wird die Überschrift der Geschichte (1. Teil)

tat was / wann / wo ?
(Präteritum/Perfekt)

, weil

Kuriositäten

15

Berichten Sie danach kurz mit eigenen Worten.

»Leiche« kam zum eigenen Trauergottesdienst

Regensburg (dpa). Entsetzt reagierten die Trauergäste in der Regensburger Basilika St. Emmeram, als die von ihnen beweinte „Leiche" gemessenen Schrittes die Kirche durchquerte. Der 30jährige Lackierer war das Opfer eines makabren Scherzes geworden.

Eine unbekannte junge Frau hatte sich als seine Witwe ausgegeben und in der örtlichen Tageszeitung eine Todesanzeige für den jungen Mann aufgegeben und auch gleich den Zeitpunkt der Totenmesse mit angegeben.

Der 30jährige traute seinen Augen nicht, als er am Frühstückstisch die Nachricht von seinem Tod las. Jetzt hat die „Leiche" alle Hände voll zu tun, um die betroffene Umwelt davon zu überzeugen, daß sie noch lebt.

entsetzt = sehr schockiert
gemessenen Schrittes = langsam
sich ausgeben als = sich eine falsche Identität geben
seinen Augen nicht trauen = nicht glauben können

Britischer Lord will Whisky auf Rezept

London (ap). Im britischen Oberhaus hat der 97jährige Lord Shinwell der Regierung vorgeschlagen, schottischen Whisky auf Rezept verteilen zu lassen. Er begründete die Anregung damit, daß „viele von uns auf diese Art Arzneimittel angewiesen sind". „Hat sich die Regierung einmal die medizinischen Eigenschaften des Whiskys überlegt, über die sich eine große Mehrheit der Ärzte einig sind?" fragte der Lord, der früher einmal für die Labour-Partei im britischen Kabinett gesessen hat, und fuhr fort: „Wäre es nicht möglich, Whisky vom staatlichen Gesundheitssystem verschreiben zu lassen?" Seine Anregung wurde vom Oberhaus mit großer Heiterkeit angenommen.

angewiesen sein auf etwas = man braucht es
fortfahren = hier: weitersprechen
-e Anregung = -e Idee
der Arzt verschreibt etwas = man bekommt ein Rezept für ein Medikament vom Arzt

Tierisches aus Schweden
Briefträger streikte – Hunde im Treppenhaus
Jetzt müssen die Mieter ihre Briefe abholen

Stockholm (dpa). Alle Bewohner eines Mietshauses in der mittelschwedischen Gemeinde Kungsör müssen ihre Briefe und Pakete selbst im Postamt abholen, solange 2 Schäferhunde eines Mieters frei im Treppenhaus herumlaufen können. Der Briefträger hatte sich geweigert, das Haus weiter zu betreten, nachdem ihn ein Hund angesprungen hatte, berichtete gestern eine Zeitung. Als letzte Amtshandlung steckte er den Mietern noch die Mitteilung der Postdirektion in die Briefkästen, daß die Zustellung vorerst nicht mehr stattfinde.

sich weigern = jd. will etwas nicht machen
-e Amtshandlung = eine bürokratische Aktion
die Zustellung findet nicht statt = es gibt keine Post mehr vom Briefträger

---

Und jetzt erzählen Sie viele neue Geschichten!

weil		
der Schlüssel für keine Tür paßte,		will er in das Haus keine Post mehr bringen.
ihn dort ein Hund angesprungen hatte,		von der Krankenkasse bezahlt werden sollte.
er dort Schnee fortschaufeln wollte,	und deshalb	erschoß er ihn.
er sich von einem Bären beim Konfirmationsunterricht gestört fühlte,		mußte er die Glocken läuten, um befreit zu werden.
eine junge Frau eine falsche Anzeige aufgegeben hatte,		flog er über das Dach, als seine Frau mit dem Auto losfuhr.
er glaubte, daß Whisky Medizin ist		ging er hin und erschreckte seine Bekannten fürchterlich.

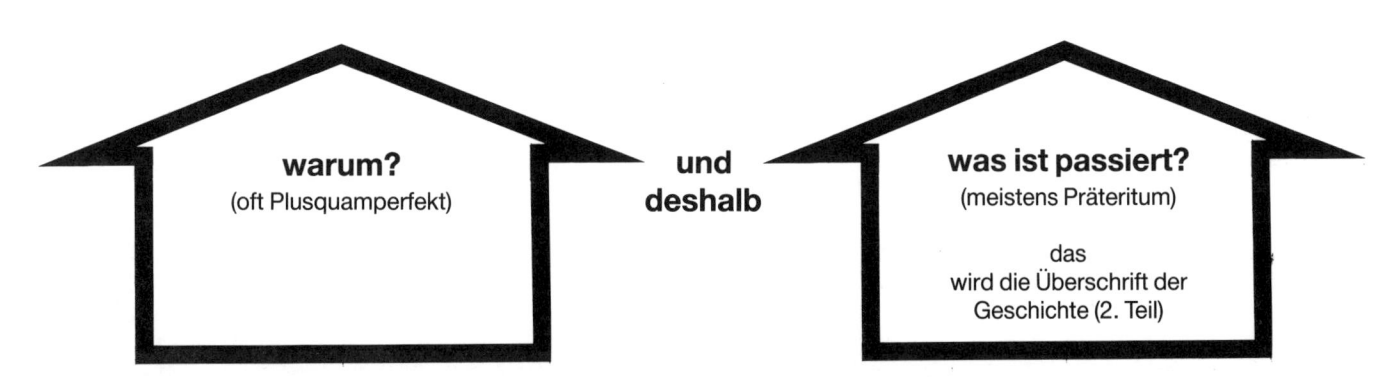

warum?
(oft Plusquamperfekt)

und deshalb

was ist passiert?
(meistens Präteritum)

das wird die Überschrift der Geschichte (2. Teil)

15 Kuriositäten

15.6 Lesen Sie noch einmal

einen, mehrere oder alle Texte *15.3*. Schreiben Sie dann auswendig Einzelheiten in die Kästen. Oder schreiben Sie mit, wenn jemand diese Geschichten vorliest oder erzählt.

🖊	Person	Ort	Situation	Methode	Motivation	Resultat
Whisky	Lord	britisches Oberhaus	will Whisky	auf Rezept	Whisky ist Medizin	Heiterkeit im Oberhaus
Störung						
Sturzflug						
Trauergottesdienst						
Hunde						
Glocken						

Notieren Sie in den freien Kästchen und erzählen oder schreiben Sie dann

a. Einzelheiten einer Geschichte aus *15.1*,

b. Einzelheiten aus einer privaten komischen Geschichte.

15.7 Sind diese Aufgaben komisch?

a. Welcher Text ist Ihrer Meinung nach am komischsten?

b. Lesen Sie den Text, den Sie am komischsten finden, laut vor.

c. Wie funktioniert das Schema *15.5* bei den Geschichten *15.1*?

d. Versuchen Sie mit Hilfe des Schemas *15.5* neue komische Geschichten zu formulieren.

e. Haben Sie in letzter Zeit etwas in der Zeitung gelesen, was lustig oder komisch war?

Kennen Sie den? | 16

16.1 Welche dieser Texte sind Witze?

ⓑ Der Friseurlehrling rasiert einen Kunden mit Beinprothese. Er hat ihn bereits dreimal geschnitten. Um sein Opfer abzulenken, fragt er: »Waren Sie schon öfter bei uns?« – »Nein. Das Bein hab' ich im Krieg verloren.«

ⓐ »Ich will ja nicht behaupten, daß deine Mutter eine schlechte Köchin ist«, sagt Fritz zu seiner Freundin, »aber jetzt weiß ich endlich, warum deine Familie vor jeder Mahlzeit betet.«

ⓒ „Moment", rief eine gleichgültige Stimme, „ich bin schon beim Aufschütten."
„Trinkst du mit?"
„Nein."
„Dann bring zwei Tassen, bitte. Sie trinken doch eine Tasse mit?"
Ich nickte. „Und ich lade Sie zu einer Zigarette ein."

ⓓ „Wohnen Sie noch weiter draußen?" fragte Jost plötzlich.
„Nein", sagte sie lachend. „Ich wohne ganz woanders. Da drüben, wo wir herkommen!"
„Ich dachte es mir schon", sagte er. „Aber es ist herrlich, zu gehen!" –
„Ja – es ist herrlich."

ⓕ Gespräch am Anzeigenschalter: »Was kostet eine Annonce in der Rubrik ‚Wir haben geheiratet'?« – »30 Pfennig pro Millimeter.« – »Au, das wird teuer! Mein Verlobter ist ein Meter achtzig ...«

ⓔ Sabinchen will ihr Gesicht nicht waschen. Die Oma schimpft: »Schämst du dich nicht! Als ich so alt war wie du, habe ich jeden Tag zweimal mein Gesicht gewaschen!« – »Na und, wie siehste jetzt aus?«

ⓗ Einige Tage später traf ich David wieder, diesmal auf der Straße, am Abend.
„Wohin gehst du?" fragte er in klarem Deutsch.
„Zur Maiandacht."
„Was ist das?"
Sonderbares Kind: weiß nicht, was eine Maiandacht ist.

ⓖ Der Lehrer erklärt seinen Schülern: »Wenn ihr ein Wort zehnmal sagt, werdet ihr es fürs Leben behalten.« Daraufhin hört er ein Mädchen murmeln: »Günter, Günter, Günter ...«

16.2 Aus einem Lexikon:

Witz, urspr. Verstand, Geist, Esprit; auch die Fähigkeit, überraschende und treffende Gedankenverbindungen herzustellen, die erheiternd wirken. Davon abgeleitet die verbale bzw. bildl. Darstellung einer Begebenheit, die durch einen unerwarteten Ausgang (→Pointe) zum →Lachen reizt. Die erheiternde Wirkung des W. wurde psychol. untersucht und teils i. S. eines ästhetisch-intellektuellen Befriedigungserlebnisses, teils auch als Befriedigung bei unerwarteter, harmloser Triebabfuhr aufgefaßt; →Humor, →Komik.

16.3 Was macht einen Text zu einem Witz?

_____
_____
_____
_____

16 Kennen Sie den?

16.4 Lesen Sie die Witze und finden Sie zu jedem ein passendes Ende:

1. Eine Frau kommt zum Psychiater. „Ich habe ein Problem, meine Familie schickt mich." – „Wo liegt denn Ihr Problem?" fragt der Arzt. „Ich esse furchtbar gern Hamburger." – „Nun, das ist doch ganz normal, ich esse auch sehr gern Hamburger". – „Oh, das ist ja fantastisch, Herr Doktor, ...

2. Eine Fußballjugendmannschaft fliegt nach Amerika. Aus Langeweile beginnen die Jungs in der Maschine Fußball zu spielen. Der Pilot kann die Maschine kaum noch auf Kurs halten und schickt den Copiloten nach hinten. Nach zwei Minuten ist absolute Ruhe. „Wie hast du das denn gemacht?" fragt der Pilot. – ...

3. Auf der Autobahn. Zwei Autos stoßen zusammen. Leichter Blechschaden. Der eine Autofahrer steigt aus und schimpft fürchterlich. Der andere holt eine Flasche Schnaps aus dem Wagen und meint ruhig: „Kommen Sie, wir trinken erst mal einen richtigen Schluck." Der andere trinkt. Auch ein zweites und drittes Glas. Nach dem vierten sagt er zu dem anderen: „Sagen Sie mal, warum trinken Sie eigentlich nichts?" Darauf der andere: ...

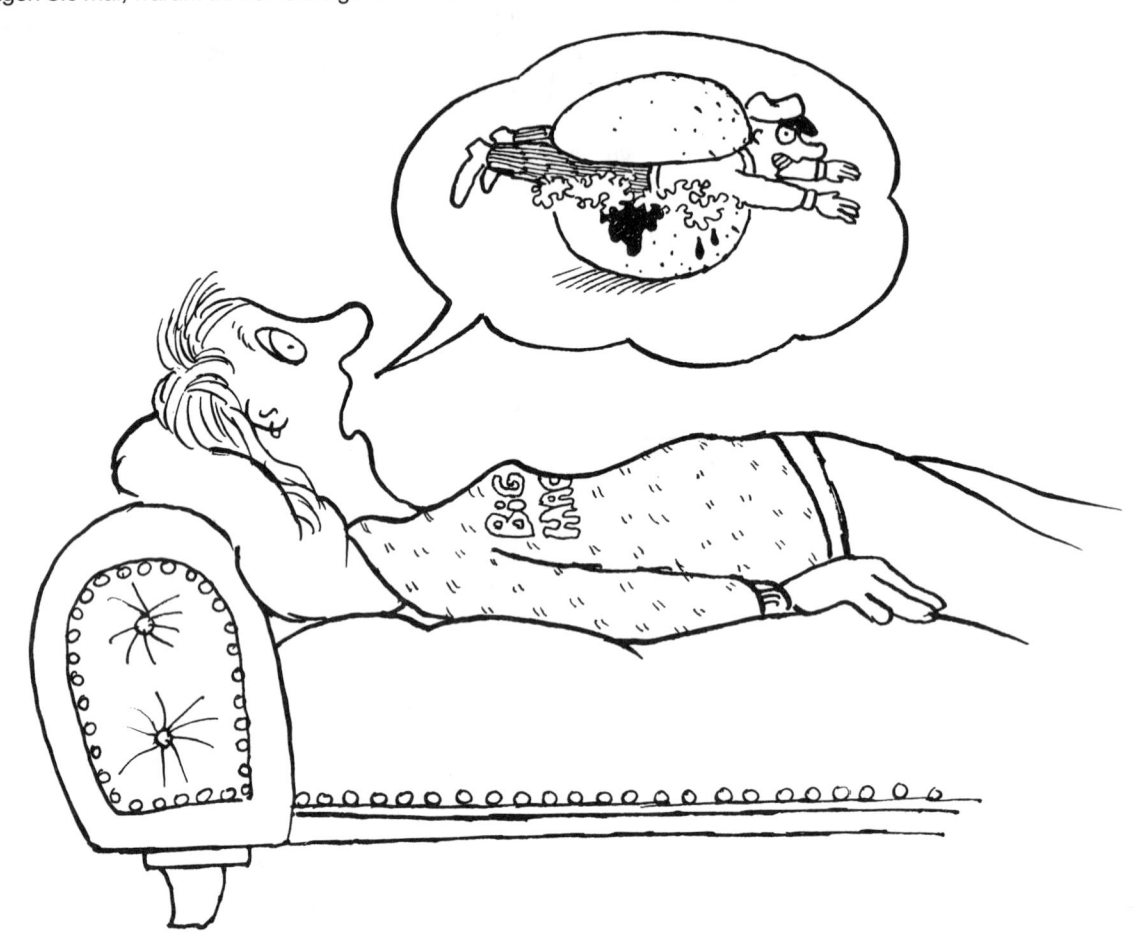

4. Das Flugzeug ist gestartet. Die Passagiere machen es sich bequem. Aus dem Lautsprecher kommt eine angenehme Frauenstimme: „Meine Damen und Herren, ich möchte Ihnen sagen, daß Sie den ersten vollautomatischen Flug mitmachen. An Bord befindet sich kein Pilot und auch kein Personal, das Flugzeug wird durch einen Automaten gesteuert. Jetzt sind Sie vielleicht erschrocken, aber ...

5. Meier geht zur Polizei. Ein Polizist kommt und fragt: „Kann ich Ihnen helfen?" – „Tja", sagt Meier, „ich suche meine Frau. Sie ist seit ein paar Tagen verschwunden, keine Nachricht, kein Brief oder Zettel, einfach nichts." – „So, Sie vermissen also Ihre Frau. Haben Sie ein Bild von Ihr?" fragt der Beamte. „Hier ist es", sagt Meier. Der Polizist sieht das Bild an, dann schaut er Meier an, dann sieht er wieder das Bild an, dann wieder Meier und sagt schließlich: ...

6. Ein Mann reist zum erstenmal per Flugzeug. Die Stewardeß verteilt beim Start Kaugummi und erklärt auf den fragenden Blick: „Das ist für die Ohren." Das Flugzeug fliegt. Nach einer Weile zieht der Neue die Stewardeß am Ärmel: ...

Kennen Sie den? 16

7. Zwei Neue im Himmel. Nachdem Petrus sie begrüßt hat, gehen sie in die nächste Himmelsbar und unterhalten sich. „Ja, ich war gerade in einer Kneipe", erzählt der eine, „da kommt ein Anruf. Ich geh ans Telefon, und da sagt so ein Kerl, daß mich meine Frau gerade betrügt. Ich rase nach Hause und stelle die ganze Wohnung auf den Kopf. Aber glauben Sie, ich habe den Kerl gefunden? Vor Wut habe ich alles aus dem Fenster geworfen: Erst das Radio, dann die Waschmaschine, die Stereoanlage, das Sofa und zum Schluß den Kleiderschrank. Schließlich bin ich selbst aus dem Fenster gesprungen. Aus dem 12. Stock. So bin ich in den Himmel gekommen. Und Sie?" – ...

8. Ein Mann kommt in eine Vogelhandlung und möchte einen Vogel kaufen, der gut singen kann. „Nehmen Sie diesen", meint der Händler. „Aber der hat ja nur ein Bein", protestiert der Kunde. „Na und", sagt der Händler, ...

9. Fritzchen ist schon fünf Jahre und hat noch kein einziges Wort gesprochen. Da sagt er beim Frühstück plötzlich laut und deutlich: „Wo ist denn der Zucker, verdammt noch mal?" Der Vater ist sprachlos, die Mutter fängt vor Freude an zu weinen: „Ja Fritzchen, du kannst ja sprechen. Warum hast du denn bis jetzt kein einziges Wort gesagt?" Da antwortet Fritzchen: ...

Witz Nr.   *Witzende*

a. „soll er nun singen oder soll er tanzen?"

b. keine Sorge, es gibt bei diesem System keine technischen Fehler ... -nischen Fehler ... -nischen Fehler..."

c. „Weil ich jetzt die Polizei hole."

d. „Ganz einfach, ich habe gesagt: ‚Jungs, es ist so schönes Wetter draußen. Spielt doch vor der Tür.'"

e. „Sollen wir sie *wirklich* suchen?"

f. „Sie müssen mich unbedingt besuchen, ich habe drei Koffer voll zu Hause."

g. „Ich saß im Schrank."

h. „Bis jetzt war ja auch alles in Ordnung."

i. „Wann kann ich den Kaugummi wieder aus den Ohren nehmen?"

16 Kennen Sie den?

16.5 Hat Ihnen einer der Witze gefallen?

Dann probieren Sie doch einmal, einen Witz zu erzählen. Auf Partys, im Büro oder mit Freunden, überall gibt es Gelegenheit dazu. In einer Fremdsprache ist das sicher ein bißchen schwerer, aber Sie können das hier trainieren:

1. Erzählen Sie einen von den Witzen und versuchen Sie,
   a. den letzten Satz möglichst wörtlich zu wiederholen,
   b. Intonation, Gestik und Mimik nicht zu vergessen,
   c. evtl. ein paar Stichworte zu notieren.

2. Erzählen Sie einen Witz, den Sie kennen.

3. Suchen Sie Witze in Zeitungen, Zeitschriften oder Magazinen und erzählen Sie die Ihren Freunden oder Bekannten.

4. Wenn Ihnen das alles zu schwer ist, dann haben wir hier eine „Witzmaschine", mit der Sie selbst Witze zusammenstellen können.

16.6 Die Witzmaschine

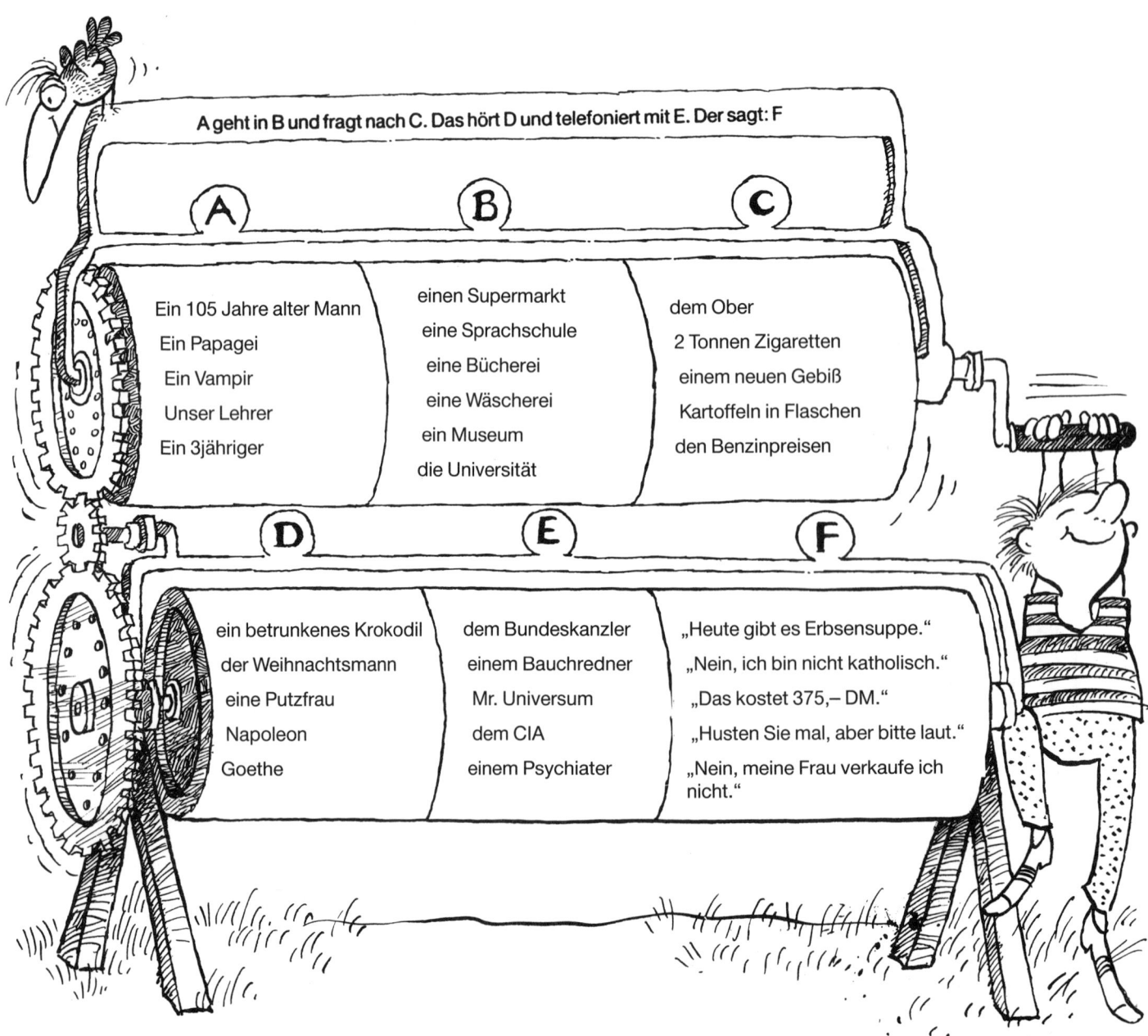

A geht in B und fragt nach C. Das hört D und telefoniert mit E. Der sagt: F

A	B	C
Ein 105 Jahre alter Mann	einen Supermarkt	dem Ober
Ein Papagei	eine Sprachschule	2 Tonnen Zigaretten
Ein Vampir	eine Bücherei	einem neuen Gebiß
Unser Lehrer	eine Wäscherei	Kartoffeln in Flaschen
Ein 3jähriger	ein Museum	den Benzinpreisen
	die Universität	

D	E	F
ein betrunkenes Krokodil	dem Bundeskanzler	„Heute gibt es Erbsensuppe."
der Weihnachtsmann	einem Bauchredner	„Nein, ich bin nicht katholisch."
eine Putzfrau	Mr. Universum	„Das kostet 375,– DM."
Napoleon	dem CIA	„Husten Sie mal, aber bitte laut."
Goethe	einem Psychiater	„Nein, meine Frau verkaufe ich nicht."

Deutsches 17

17.1 Wen oder was kennen Sie davon? Was fällt Ihnen dazu ein?

DEUTSCHLAND  DEUTSCHLAND

zuverlässig   KARTOFFELN   ORDNUNG
PÜNKTLICHKEIT   kontaktfreudig   bescheiden
phantasielos   München   Goethe
SAUERKRAUT   DISZIPLIN   unfreundlich
Dichter   Oberammergau   Wagner
hilfsbereit   Wunderland   SPD
DDR   arrogant   SAUBERKEIT
Schwarzwald   RHEIN   Bundesliga
Faulenzen   Berlin   fleißig
Curd Jürgens   Grüne   POLIZEI
kalt

17.2 Wußten Sie das auch? Was sagen Sie dazu?

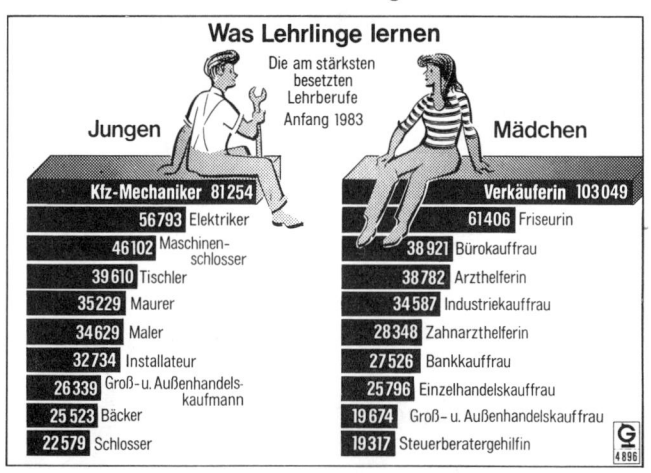

Was Lehrlinge lernen
Die am stärksten besetzten Lehrberufe Anfang 1983

Jungen
- Kfz-Mechaniker 81 254
- 56 793 Elektriker
- 46 102 Maschinenschlosser
- 39 610 Tischler
- 35 229 Maurer
- 34 629 Maler
- 32 734 Installateur
- 26 339 Groß- u. Außenhandelskaufmann
- 25 523 Bäcker
- 22 579 Schlosser

Mädchen
- Verkäuferin 103 049
- 61 406 Friseurin
- 38 921 Bürokauffrau
- 38 782 Arzthelferin
- 34 587 Industriekauffrau
- 28 348 Zahnarzthelferin
- 27 526 Bankkauffrau
- 25 796 Einzelhandelskauffrau
- 19 674 Groß- u. Außenhandelskauffrau
- 19 317 Steuerberatergehilfin

Wir essen zuviel
Durchschnitte je Bundesbürger 1981/82

Kalorien-Quellen
- Alkohol 260
- Eiweiß 380
- Fett 1410
- Kohlehydrate 1420

Tägliche Kalorienzufuhr 3 470 Kalorien
- 520 Verluste zwischen Einkauf u. Magen
- Tatsächlich gegessen 2 950

Gesundheitlich empfohlen: 2 400 Kalorien

Deutsches

① Frühstücks-Fans

exp **Bonn** – Auf ihr Frühstück lassen die Deutschen nichts kommen. Besonders gefragt: Brötchen, Butter, Marmelade, Käse und Eier, ergab eine Umfrage. Weniger beliebt sind Quark, Joghurt und Obst. 96 Prozent aller befragten Bundesbürger frühstücken demnach zu Hause.

②
Internationale Wohlstandsskala

Die Deutschen haben das vierthöchste Einkommen

Kuwait an der Spitze, Bhutan an letzter Stelle

Washington (ap). In Kuwait am Persischen Golf läßt es sich am besten leben. Nach Angaben der Weltbank führt der arabische Kleinstaat die internationale Einkommensrangliste an. Das Pro-Kopf-Durchschnittseinkommen der 1,2 Millionen kuwaitischen Bürger beträgt 20 250 Dollar pro Jahr, fast doppelt soviel wie das der US-Amerikaner.

An zweiter Stelle folgen die Schweizer mit einem durchschnittlichen Jahresverdienst von 15 360 Dollar. Hinter den Schweden (12 250 Dollar) dürfen sich die Bundesbürger mit 12 200 Dollar pro Kopf und Jahr als viertreichste Nation der Erde fühlen. Nur geringfügig niedriger liegt das Einkommen der Dänen (12 030), Norweger (11 230) und Belgier (11 020).

Am Ende der Wohlstandsskala steht das Himalaya-Königreich Bhutan, dessen Einwohner durchschnittlich nur über ein Einkommen von 80 Dollar pro Jahr verfügen. In Bangladesch verdient die Bevölkerung pro Kopf und Jahr 110 Dollar.

③ USA: Deutsch nicht gefragt

Germanistik-Professoren und Deutschlehrer in den Vereinigten Staaten fürchten um ihre Jobs: „Die Zahl der Schüler und Studenten, die Deutsch lernen wollen, nimmt rapide ab", konstatierte kürzlich Peter Demetz, Professor für deutsche Sprache und Literatur an der Yale University. Inzwischen gibt es in den USA nur noch rund 120 000 Germanistik-Studenten, halb so viele wie vor zwölf Jahren. An der Columbia University beispielsweise wurde 1981 keine einzige Doktorarbeit im Fach Germanistik geschrieben, viele Schulen und Colleges haben mangels Nachfrage ihre Deutschkurse gestrichen – mit der Folge, daß viele Germanisten nach Abschluß des Studiums keinen Arbeitsplatz mehr finden. Daß Deutsch im Gegensatz zu anderen Fremdsprachen wie etwa Spanisch oder Italienisch kaum noch auf Interesse stößt, liegt nach Ansicht des Germanisten Dr. Theodore Ziolkowski von der Princeton University nicht zuletzt an den Professoren selbst: Statt moderne und interessante Studiengänge zu entwickeln, hätten sie sich – eigentlich typisch deutsch – der wissenschaftlichen Krümelpickerei im Kreise Gleichgesinnter hingegeben.

④ Die Deutschen beißen sich durch, auch wenn's hart ist

Nur jeder Zweite beschwert sich im Lokal

exp **Brüssel** – Wenn der Kellner dem Gast einmal tief in die Augen schaut, verläßt diesen vollends der Mut. Da werden klaglos Suppen verzehrt, in die mehr Augen rein- als rausschauen, zähes Fleisch wird lächelnd gekaut, auch wenn die dritten Zähne schon Platz für die vierten machen wollen ...

Das Europäische Institut für Zeitforschung in Brüssel testete in mehreren Ländern das Verhalten von Lokal-Gästen. Die deutschen Esser schnitten am schlechtesten ab. Diplompsychologe Breitfurth stellte „Unsicherheits- und Untertanengefühle" fest.

Während in anderen Ländern der Gast auf den Tisch haut, schluckt König Kunde hierzulande die dicken Brocken des Ärgers unverdaut hinunter. Nur jeder zweite läßt seiner Wut freien Lauf. Der Hauptgrund für Beschwerden: **Zu kleine Portionen.**

Die Forscher raten Restaurant-Besitzern, mehr auf die Gäste einzugehen: „Die kommen meist nicht wieder und erzählen fünf Verwandten von ihren schlechten Erfahrungen."

17.3 Thema?

In welchem Text geht es um
- a. Essen ☐
- b. Geld ☐
- c. Sprachenlernen ☐
- d. Deutsche im Restaurant ☐

17.4 Beantworten Sie möglichst schnell:

a. Wo wollen nicht viele Leute Deutsch lernen?
 - A ☐ in Brüssel
 - B ☐ in Washington
 - C ☐ in den USA

b. In welchem Land der Welt sind die Leute am ärmsten?
 - A ☐ in Kuwait
 - B ☐ in Bhutan
 - C ☐ in Bangladesch

c. Woher kommt der Bericht über die Deutschen im Restaurant?
 - A ☐ aus Brüssel
 - B ☐ aus dem „Express"
 - C ☐ aus dem Lokal

d. Wer sagt: „Die Zahl der Schüler und Studenten, die Deutsch lernen wollen, nimmt rapide ab."
 - A ☐ Peter Demetz
 - B ☐ Diplompsychologe Breitfurth
 - C ☐ Dr. Th. Ziolkowski

e. Wann essen die Deutschen besonders gern Käse und Eier?
 - A ☐ morgens
 - B ☐ mittags
 - C ☐ abends

f. Die US-Amerikaner verdienen pro Jahr
 - A ☐ mehr als 12 000 $
 - B ☐ ungefähr 40 000 $
 - C ☐ ungefähr 10 000 $

Deutsches 17

17.5 Die Sprache der Journalisten ...

ist oft sehr figurativ. Journalisten benutzen viele Umschreibungen. Besonders der Text 4 ist schwer zu verstehen. Deshalb: was kann das bedeuten?

a. die Deutschen beißen sich durch
b. auf ihr Frühstück lassen die Deutschen nichts kommen
c. in Kuwait läßt es sich am besten leben
d. Deutsch stößt kaum noch auf Interesse
e. Suppen, in die mehr Augen rein- als rausschauen
f. die Professoren hätten sich wissenschaftlicher Krümelpickerei hingegeben
g. auch wenn's hart ist
h. die dritten Zähne wollen schon Platz für die vierten machen
i. Unsicherheits- und Untertanengefühle
j. auf den Tisch hauen
k. König Kunde
l. er schluckt den Ärger hinunter
m. der Kellner schaut dem Gast tief in die Augen
n. der Mut verläßt ihn
o. die dicken Brocken des Ärgers
p. um den Job fürchten
q. sie haben mangels Nachfrage den Deutschkurs gestrichen
r. am Ende der Wohlstandsskala stehen

1 sie hätten sich nur mit akademischen Details (Einzelheiten) beschäftigt
2 man will es fast nicht mehr
3 man sieht sehr wenig Fett (Fettaugen); sie ist nicht gut
4 sie essen alles ohne Protest
5 sie sind sicher, daß es gut ist
6 dort sind die Leute sehr reich
7 der Kunde ist die wichtigste Person
8 er sagt nicht, was ihn ärgert
9 auch wenn es schwer ist
10 ohne Selbstsicherheit; man denkt, man muß alles akzeptieren
11 man kann das zähe Fleisch fast nicht essen
12 wütend werden und es zeigen
13 extrem viel davon
14 sie sind die Ärmsten
15 er fand nicht statt, weil sich niemand dafür interessierte
16 er sieht ihn direkt an
17 Angst haben, den Arbeitsplatz zu verlieren
18 er bekommt Angst

Der Ausdruck	a.	b.	c.	d.	e.	f.	g.	h.	i.	j.	k.	l.	m.	n.	o.	p.	q.	r.
bedeutet																		
und ist in Text Nr.																		

17.6 Was meinen Sie?

a. Beschreiben Sie Ihr Lieblingsfrühstück.

b. In Kuwait „läßt es sich am besten leben". Auch für Sie?

c. Was machen oder sagen Sie, wenn man Ihnen in einem Restaurant schlechtes Essen serviert?

d. Die amerikanischen Studenten interessieren sich nicht sehr für die deutsche Sprache. – Und Sie? Warum lernen Sie Deutsch?

17.7 Testen Sie sich selbst

Welche Schreibweise ist richtig?

a. Rythmus ☐
   Rhythmus ☐
   Rhytmus ☐
   Rytmhus ☐

b. Lebensstandard ☐
   Lebenstandard ☐
   Lebenstandart ☐
   Lebensstantard ☐

c. Republik ☐
   Rebuplik ☐
   Republick ☐
   Repuplik ☐

d. Satelit ☐
   Satelitt ☐
   Sattelit ☐
   Satelit ☐

79

17.8 Rechtschreibung

Lesen Sie den Text und ordnen Sie die Satzanfänge 1–4 den Satzenden zu.

Eine Allensbach-Umfrage bestätigte

Deutsche Sprache – eine schwere Sprache

Nur 30 Prozent bestanden den Test

Nur 30 Prozent der Bundesbürger haben „sehr gute und gute" Rechtschreibkenntnisse, behauptet das Institut für Demoskopie in Allensbach nach einer Repräsentativumfrage, deren Ergebnis gestern in Bonn veröffentlicht wurde. Bei dem Test war zur Aufgabe gestellt worden, die von den Befragern vorgesprochenen Worte „Rhythmus", „Satellit", „Lebensstandard" und „Republik" aufzuschreiben. 29 Prozent der Befragten konnten nur zwei von vier Wörtern richtig schreiben, 24 Prozent waren in der Lage, ein Wort richtig zu schreiben, und 17 Prozent brachten keines der Worte richtig zu Papier.

(ap)

1 30 % der Bundesbürger hatten
2 17 % der Bundesbürger hatten
3 29 % der Bundesbürger hatten
4 24 % der Bundesbürger hatten

A nur 2 von 4 Wörtern richtig.
B nur 1 Wort richtig.
C sehr gute und gute Kenntnisse.
D kein Wort richtig.

Also: zum Satzanfang Nr. gehört Satzende

1	2	3	4

17.9 Ein Diktat

Lassen Sie sich das Diktat langsam zweimal vorlesen. Sie sollten nicht mehr als 10 Fehler (ohne Interpunktion) haben. Viel Lesen ist ein gutes Rechtschreibtraining! Der Text steht auf Seite 29 bei *6.4:* „An einem kalten…"

Unglaublich?

18

18.1 Sie entschuldigen; ich hätte ein paar Fragen ...

a. Lesen Sie Horoskope?
b. Warum (nicht)?
c. Wann sind Sie geboren?
d. Was ist Ihr Tierkreiszeichen?
   Wenn Sie es nicht (auf Deutsch) wissen, können Sie es jetzt herausfinden.

18.2 Tierkreiszeichen

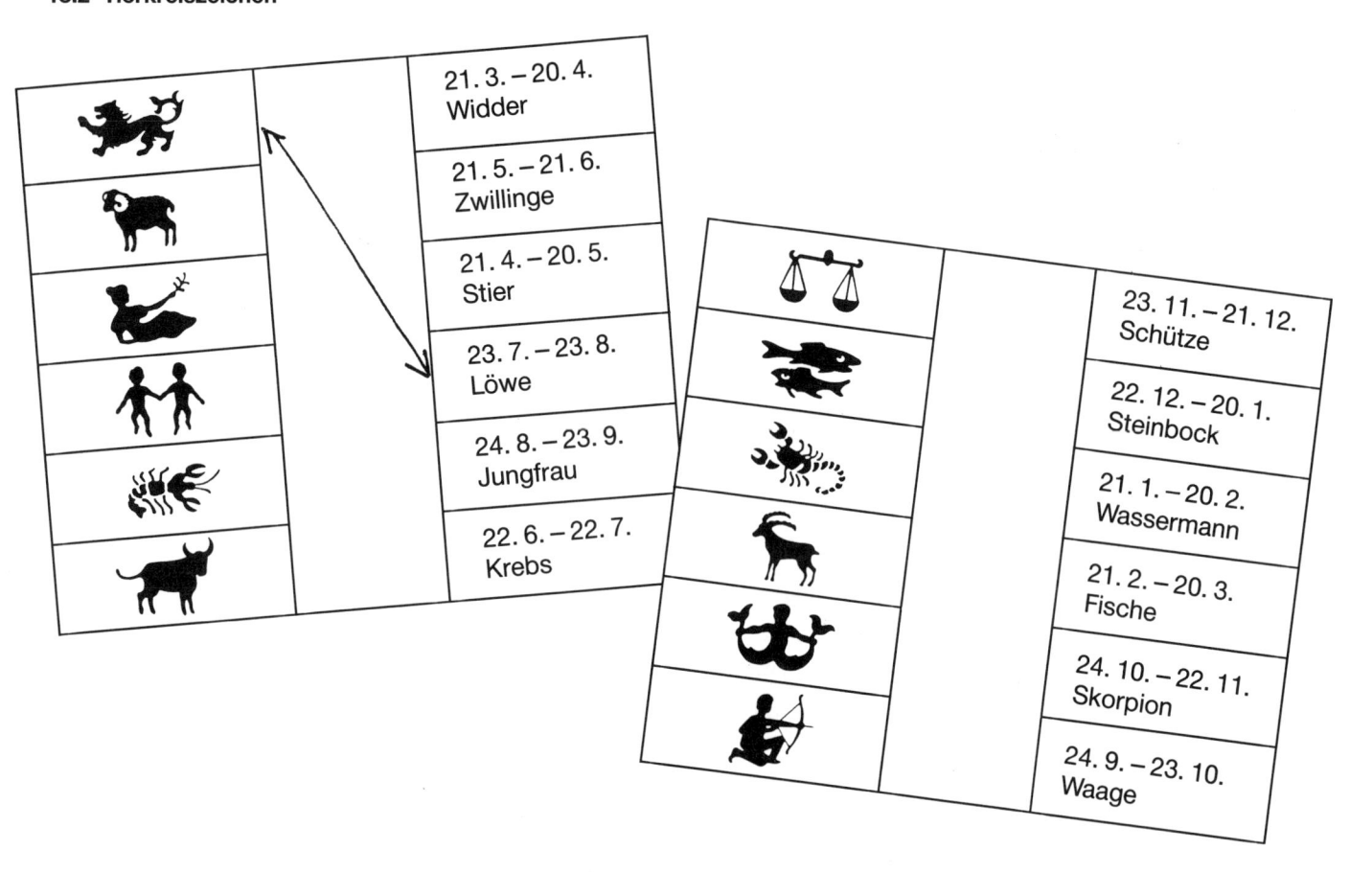

	21. 3. – 20. 4. Widder
	21. 5. – 21. 6. Zwillinge
	21. 4. – 20. 5. Stier
	23. 7. – 23. 8. Löwe
	24. 8. – 23. 9. Jungfrau
	22. 6. – 22. 7. Krebs

	23. 11. – 21. 12. Schütze
	22. 12. – 20. 1. Steinbock
	21. 1. – 20. 2. Wassermann
	21. 2. – 20. 3. Fische
	24. 10. – 22. 11. Skorpion
	24. 9. – 23. 10. Waage

Horoskope sehr beliebt

1 HAMBURG, 13. April (dpa). Die _____ der Bevölkerung in der Bundesrepublik liest mehr oder weniger regelmäßig die _____ in den Tageszeitungen und Illustrierten, einige lassen sich ihre _____ von einem _____ erstellen. Dies ergab eine
5 Repräsentativumfrage des Hamburger Sample-Instituts unter 2000 Bürgern über 14 _____ in der Zeit vom 26. Januar bis zum 3. Februar dieses Jahres. In der Mitteilung des Instituts vom Dienstag heißt es weiter, obwohl nur sechs _____ der Bevölkerung glauben, daß das Schicksal und die Persönlichkeit eines
10 Menschen von der Konstellation der _____ bei der _____ abhängen, interessieren sich 51 Prozent für ihr Horoskop. Den stärksten Zuspruch finden – der Umfrage zufolge – die Horoskope in Zeitschriften (83 Prozent) und Zeitungen (42 Prozent), die _____ Glaubwürdigkeit besitzen dagegen die von
15 einem Astrologen errechneten _____. Genau ein Viertel der Horoskopnutzer vertraut diesen Prognosen. Doch an die Gratis-Horoskope in den _____ glauben immerhin 19 Prozent.

18.3 Welches Wort fehlt?

a. Zeile 1:   Mitte / Zahl /(Hälfte)
b. Zeile 3:   Mikroskope / Horoskope / Teleskope
c. Zeile 4:   Vergangenheit / Gegenwart / Zukunft
d. Zeile 4:   Astronomen / Astrologen / Psychologen
e. Zeile 6:   Jahre / Prozent / Kilo
f. Zeile 8:   Personen / Teile / Prozent
g. Zeile 10: Sterne / Eltern / Ärzte
h. Zeile 10: Ankunft / Geburt / Operation
i. Zeile 14: kleinste / dickste / größte
j. Zeile 15: Voraussagen / Sterne / Steuern
k. Zeile 17: Sternen / Weihnachtsliedern / Zeitschriften

Und zu welcher Gruppe der Bevölkerung gehören Sie?

81

18 Unglaublich?

18.4 In ihrem Horoskop suchen die Menschen ein wenig „Lebenshilfe".

Deshalb geben Horoskope immer Ratschläge und Prognosen. Sie sprechen den Leser direkt an, sind jedoch meistens so geschrieben, daß man viel hineininterpretieren kann.

Ihr Horoskop

WIDDER 21. 3.–20. 4.
Ein Tag voller Überraschungen. Bereiten Sie sich auf eine kleine Reise vor. Den Abend und den Samstag mit vielen netten Freunden verbringen.

STIER 21. 4.–21. 5.
Sie müssen heute mit einem Konflikt fertig werden. Bleiben Sie ruhig. Im Zweifel: nachgeben. Morgen sollten Sie über Ihre Finanzlage nachdenken.

ZWILLINGE 22. 5.–21. 6.
Sie werden heute etwas radikal ändern. Das bringt Ihnen Glück. Nehmen Sie sich Zeit für einen romantischen Abend. Morgen vorsichtig fahren.

KREBS 22. 6.–22. 7.
Ganz leicht lösen Sie heute alle Probleme. Abends alte Arbeiten erledigen. Morgen einen Glückwunsch nicht vergessen.

LÖWE 23. 7.–23. 8.
Reservieren Sie etwas Bargeld. Ihr Verhältnis zu einem Freund ändert sich. Abends Humor beweisen. Morgen an die frische Luft.

JUNGFRAU 24. 8.–23. 9.
Versuchen Sie, Streit aus dem Wege zu gehen. Kümmern Sie sich mal wieder um Ihr Hobby. Sie sollten mehr aus Ihrer Begabung machen.

WAAGE 24. 9.–23. 10.
Ein Freund kommt mit einer sehr guten Idee zu Ihnen. Es lohnt sich, darüber nachzudenken. Abends charmant sein. Morgen an ein Geschenk denken.

SKORPION 24. 10.–22. 11.
Wenn Sie logisch denken, kommen Sie zu einem lohnenden Geschäft. Abends müssen Sie den Partner überzeugen. Morgen früh ins Bett – die nächsten Tage werden anstrengend.

SCHÜTZE 23. 11.–21. 12.
Ein idealer Tag für einen bestimmten Einkauf. Abends müssen Sie schnell handeln. Morgen auf eine wichtige Arbeit vorbereiten.

STEINBOCK 22. 12.–20. 1.
Jemand hat Ihnen einen Gefallen getan. Zeigen Sie ihm, wie dankbar Sie sind. Morgen keine Hektik. Die nächste Woche verlangt viel.

WASSERMANN 21. 1.–19. 2.
Ein Wochenende, das Sie dem Sport widmen sollten. Sie tanken damit Kraft. Heute abend ganz auf den Partner verlassen.

FISCHE 20. 2.–20. 3.
Vermeiden Sie Ärger zu Hause. Treiben Sie ein bißchen Sport. Kümmern Sie sich um einen jüngeren Menschen.

18.5 Ist das Horoskop …
a. für einen Monat?
b. für einen Tag?
c. für eine Woche?
d. für ein Wochenende?
e. für ein Jahr?

18.6 Wie werden Ratschläge erteilt?

Sehen Sie im Horoskop nach und ergänzen Sie.

a. *Stier:* _____ ruhig.

b. *Jungfrau:* Sie _____ mehr aus Ihrer Begabung machen.

c. *Skorpion:* Abends _____ Sie den Partner überzeugen.

d. *Fische:* _____ ein bißchen Sport.

e. *Schütze:* Morgen auf eine Arbeit _____.

f. *Wassermann:* Ein Wochenende, das Sie dem Sport widmen _____.

g. *Stier:* Morgen _____ Sie über Ihre Finanzlage nachdenken.

h. *Jungfrau:* _____ sich mal wieder um Ihr Hobby.

18.7 Und morgen?

Wer …

a. muß jemandem etwas schenken? _____
b. soll früh schlafen gehen? _____
c. muß an seine Arbeit denken? _____
d. muß jemandem gratulieren? _____
e. soll spazieren gehen? _____
f. soll beim Autofahren aufpassen? _____
g. muß sich mit Gelddingen beschäftigen? _____
h. soll sich mit Freunden treffen? _____

18.8 In Aufgabe *18.6* haben Sie gesehen, wie man im Deutschen Ratschläge erteilt. Man kann das auf drei Weisen tun:

1. mit _____
2. mit _____
3. mit _____

82

Unglaublich? 18

18.9 Auch das sind Prognosen – aber wofür?

(a) Tips für Daglfing

Zehn Rennen in Daglfing (Mittwoch, 18.30 Uhr). Freier Eintritt. – Tip der AZ: Elaine Dirt (6. R.). Aussichtsreiche Einlaufwette: Rastella – Franzi Pride (2. R.). Zu beachtender Trainer: Wolfgang Bayer. Unsere Vorhersagen: I. Lemna – Topper – Lady Value; II. Rastella – Franzi Pride – Licossa; III. Le Loop – Ebolin – Libero; IV. Rottaler – Grand Volina – Grand Marnier; V. Safety – Sammy – Fargo; VI. Elaine Dirt – Gilbacher – Zar Walker; VII. Mirage – Ksar – Madaun; VIII. Hako – Aser – Ewina Rodney; IX. Mister Sheps – Jackomo – Baxa Toni; X. Udet – Maribu – Speed Lady.

(e) HEINEMANN KG

bietet Arbeitsplatz.
Wir suchen für sofort jüngere

Anlernverkaufskraft

Wir bieten leistungsgerechtes Gehalt, Urlaubs- u. Weihnachtsgeld. Die Sozialleistungen eines großen Unternehmens. Angenehmes Betriebsklima.
Bitte bewerben Sie sich bei unserer Filiale München-Pasing, Bäckerstr., im Pasinger Viktualienmarkt, Tel. 089/225163, Herr Rott. u. in unserer Filiale Olympia-Einkaufs-Center, Tel. 089/1829484 bei Herrn Czogalla.

(b) Das Wetter

Sonnenaufgang 7.56 Uhr /SU 16.21 ■ Mondaufgang 13.37 Uhr / MU 1.14 Uhr

Wetterlage:
Ein Hoch reicht mit seinem Keil bis zu den Alpen. Unter seinem Einfluß hält im größten Teil Deutschlands das ...wetter an.

München und S...
Teils trüb durch ... kein Niederschlag... Grad, Höchstwer... nerstag bis 3 Grad...

Donaugebiet/Bayer. Wald:
Wolkig mit Aufheiterungen, kein Niederschlag. Stellenweise Frühnebel, Höchsttemperaturen –5 bis null Grad, am Donnerstag etwas über null Grad. Tiefstwerte nach –8 bis –13 Grad. Schwacher Wind um Südost. (Vor... ...ge für Mittwoch und Donnerstag).

...: heiter bis wolk... den Täle...

(c) Elite-Unis

Bonn – Hans-Dietrich Genscher will private Universitäten, weil sich das staatliche Ausbildungsmonopol nicht bewährt habe. Die Privat-Unis sollen wieder zu Spitzenleistungen in der Forschung führen.

(d)
15.40 Videotext für alle
16.10 Tagesschau
16.15 Unter dem Chapiteau: Zirkus von morgen
Aufzeichnung des internationalen Nachwuchswettbewerbs 1983 in Paris
.0 Die Spielbude
.50 Tagesschau
.00 Abendschau aktuell
.20 Hart auf hart
.50 Abendschau

(f) Madeleine hat angerufen. Sie kommt morgen gegen 14:00 vorbei. Das Studio soll bis 12:00 fertig sein. Ferdl

18.10 Glauben Sie an ...

	ja	manch-mal	nein		ja	manch-mal	nein
Kartenlegen	☐	☐	☐	Glückssymbole	☐	☐	☐
Graphologie	☐	☐	☐	Gespenster	☐	☐	☐
Handlesen	☐	☐	☐	Hypnose	☐	☐	☐
Wahrsagerei	☐	☐	☐	Wunderheilung	☐	☐	☐
Wirtschaftsprognosen	☐	☐	☐	Naturwissenschaften	☐	☐	☐
Wetterberichte	☐	☐	☐	Parapsychologie	☐	☐	☐
Wett-Tips	☐	☐	☐	Telepathie	☐	☐	☐
Die Zahl 13	☐	☐	☐	Versprechungen	☐	☐	☐

18.11 Astrologie – eine Wissenschaft?

Die Astrologie gibt es schon seit dem 4. Jahrtausend vor Christus, und man findet sie in fast allen Kulturen der Welt. Bis zum 17. Jahrhundert benutzte man sie für Vorhersagen aller Art, aber im 18. Jahrhundert begann der Konflikt zwischen den exakten Naturwissenschaften und der Astrologie. Astrologie wurde ab 1817 nicht mehr an den deutschen Universitäten gelehrt. Sie wurde gleichgesetzt mit Okkultismus und Magie.
(Quelle: Alfred P. Zeller, *Richtig leben nach den Sternen*, Pamir Verlag 1979, S. 7 ff.)

Bevor Sie Ihre Meinung zu diesem Thema sagen, lesen Sie noch die folgenden Texte.

18 Unglaublich?

18.12 Märchen oder Tatsache

... „Es gibt Menschen mit besonderen Begabungen, die Töne hören, die für andere bereits Ultraschall sind, oder Wellen sehen, die normalerweise unsichtbar sind, und wir alle können diese Sensibilität üben."

„Am Morgen des 21. September 1774 bereitete sich Alfonso de Ligurio darauf vor, im Gefängnis von Arezzo die Messe zu lesen, als er plötzlich in einen tiefen Schlaf versank. Zwei Stunden später erwachte er wieder und verkündete, er sei soeben aus Rom zurückgekehrt, wo er gesehen habe, wie Papst Clemens XIV. starb. Man hielt das zuerst für einen Traum und dann, als vier Tage später die Nachricht vom Tode des Papstes eintraf, für Zufall. Dann entdeckte man jedoch, daß alle, die um das Bett des sterbenden Papstes versammelt gewesen waren, Alfonso, der die Sterbegebete geleitet hatte, nicht nur gesehen, sondern daß sie sogar mit ihm gesprochen hatten."

... „Der Fall Arigó (ein ungebildeter ehemaliger Bergmann in Brasilien) wurde 1968 von dem New Yorker Neurologen Andrija Puharich ... und acht anderen Wissenschaftlern ... untersucht. Man führte Arigó tausend Patienten vor, und ohne einen von ihnen zu berühren – und in durchschnittlich weniger als einer Minute pro Patient – lieferte er eintausend sehr genaue Diagnosen, wobei er in jedem Fall eine entsprechende Behandlung empfahl."

... „Ich habe gesehen, wie Juan Blance aus Pasig echte Einschnitte in die Körper seiner Patienten machte – aber ohne Messer und ohne sie zu berühren. Er zeigt nur mit dem Finger auf die Haut, und im selben Augenblick erscheint auch schon eine Schnittwunde, etwa zwei Zentimeter lang und einige Millimeter tief."

(Quelle: Lyall Watson, *Die Grenzbereiche des Lebens*, Fischer Taschenbuch Verlag, Frankfurt a.M. 1980, S. 181, 179, 241, 252)

18.13 Wie denken Sie darüber?

Hier sind ein paar Hilfen, damit Sie Ihre Meinung leichter ausdrücken können:

+	+/−	−
Davon habe ich auch schon gehört/gelesen. Genau, so etwas gibt es bei uns auch. Ich bin ganz sicher, daß ... Ich bin überzeugt, daß ... Ja, stimmt, das habe ich auch schon mal gehört.	Ja, vielleicht. Ich bin mir nicht ganz sicher. Kann sein, aber ... Ich weiß nicht recht. Ich kann das nicht so ganz glauben. Ich finde das sehr komisch. Also ich bin da skeptisch.	Völlig unmöglich! Das ist doch reine Phantasie! So ein Unsinn! Absoluter Quatsch! Das glaubt doch kein Mensch. Wie kann man nur so was glauben. Also ich finde das alles idiotisch.

Gedichte

19.1 Haben Sie schon einmal ein Gedicht auf deutsch gelesen?

In der Fremde

Ich hatte einst ein schönes Vaterland.
Der Eichenbaum
Wuchs dort so hoch, die Veilchen
   nickten sanft.
Es war ein Traum.

Das küßte mich auf deutsch und
   sprach auf deutsch
– Man glaubt es kaum,
Wie gut es klang – das Wort: „Ich
   liebe dich!"
Es war ein Traum.

Ich stand in dunklen Träumen
Und starrte ihr Bildnis an,
Und das geliebte Antlitz
Heimlich zu leben begann.

Um ihre Lippen zog sich
Ein Lächeln wunderbar,
Und wie von Wehmutstränen
Erglänzte ihr Augenpaar.

Auch meine Tränen flossen
Mir von den Wangen herab –
Und ach, ich kann es nicht glauben,
Daß ich dich verloren hab!

Und als ich euch meine Schmerzen geklagt,
Da habt ihr gegähnt und nichts gesagt;
Doch als ich sie zierlich in Verse gebracht,
Da habt ihr mir große Elogen gemacht.

Gedichte von *Heinrich Heine,* 1797–1856, dem ironischen, kritischen und romantischen Dichter der „Loreley". Aus politischen Gründen emigrierte er 1831 nach Paris. Er wurde dort krank, von 1848 bis zu seinem Tod war er bettlägerig.

Es ist sicher nicht leicht, aber auch nicht unmöglich, Gedichte in einer Fremdsprache zu lesen.
Relativ schwer ist es, weil ein Dichter die Sprache „verschlüsselt" durch bestimmte Wörter, Wortkombinationen, Satzmuster, Slogans, Idiomatismen, Metaphern u. ä. Er will

- den Leser dadurch zum Nachdenken animieren,
- bei ihm Assoziationen wecken,
- ihm eventuell neue Perspektiven eröffnen.

Die subjektive Sicht des Dichters, seine sehr persönliche Präsentation der Gedanken und Probleme, wird von verschiedenen Lesern dann oft auch sehr unterschiedlich verstanden und interpretiert.
Der Leser, der in der deutschen Sprache noch nicht richtig „zu Hause" ist, hat natürlich beim Verstehen eines Gedichtes Schwierigkeiten. Dafür braucht er – in diesem Falle also Sie – Hilfe. Wir helfen Ihnen beim Lesen und Verstehen durch

- Markierung der wichtigsten Stellen,
- durch einfache Wortschatzerklärungen.

Weiter brauchen Sie vielleicht auch noch die Hilfe eines guten Wörterbuches, eines Lehrers oder vielleicht auch nur die Hilfe eines Deutschen. Wir wollen die Gedichte nicht durch Entschlüsselung bzw. Interpretation „kaputtmachen", sondern allen die Freiheit lassen zur persönlichen Interpretation.

Die Gedichte auf der nächsten Seite sind von heute und stammen aus dem Buch *Straßengedichte*, herausgegeben von Joachim Fuhrmann (Heyne Verlag, München 1982). Dazu sagt der Herausgeber in einem Nachsatz:

…, es ging mir um Gedichte, die im weitesten Sinne Straße thematisieren: als Öffentlichkeit, als begehbaren oder nicht begehbaren Weg, als Verbindungslinie von Orten und Menschen.

Wir haben diese Gedichte für Sie ausgewählt, weil sie in einer einfachen Sprache geschrieben sind. Wir meinen, daß Sie darüber etwas sagen können. Vielleicht haben die Gedichte Ihnen etwas zu sagen. Aber das ist Ihre Sache …

19 Gedichte

19.2 Was assoziieren Sie mit ...

– Augen? _____

– offene Augen? _____

– Ohren? _____

– offene Ohren? _____

– Freund? _____

– Helfer? _____

– Demonstration? _____

– Ich sehe klar? _____

– Ich sehe in die Zukunft? _____

_____

– chemisch reinigen? _____

Liselotte Rauner

Epigramm

Seit ein Freund und Helfer
bei einer Demonstration
mir die Augen chemisch gereinigt hat
sehe ich viel klarer
in die Zukunft.

Manfred Hausin

mit offenem mund

seitdem ich
mit offenen augen
und ohren
durch dieses land gehe
kriege ich
den mund nicht mehr zu

Wer? _____
(Werbeslogan der Polizei: Die Polizei – dein Freund und Helfer.)

Wie? _____
(Die Polizei benutzt bei Demonstrationen Wasser mit Tränengas.)

Warum „viel klarer"? _____
_____

Welche Zukunft? _____
_____

Ein Text; kein Punkt, kein Komma, nur Kleinschreibung: aufgeregt und atemlos.
Sprechen Sie einmal ohne Punkt und Komma!

19.3 Was meinen Sie?

Haben diese beiden Gedichte etwas gemeinsam?
Haben sie ein gemeinsames Thema?
Sagen Sie mit eigenen Worten, wovon die Gedichte handeln.

Gedichte

19.4 Wolf Wondratschek, geb. 1943

EWIGE LIEBE

Er hat gesagt,
diese Nacht dauert ein Leben.
Da hat sie sich hingegeben.
So haben sie eine Nacht
verbracht.

GEDICHT

Ich liebe
und habe eine Freude
und eine Angst,
daß du Liebe
verlangst.

So entsteht die Liebe,
an einem leeren Tag wie diesem,
ohne ein Wort.

Liebe mich,
damit es aufhört,
dieses Nachdenken,
wenn du nicht da bist.

Das sind vier Liebesgedichte von Wolf Wondratschek aus dem Buch *Chuck's Zimmer* (Heyne, München 1982), das bisher schon über 100 000mal verkauft wurde. Das ist für einen Lyrik-Band sensationell.

Was bedeutet für Wondratschek Liebe?
Welche Aspekte der Liebe zeigen sich Ihnen in diesen Gedichten?

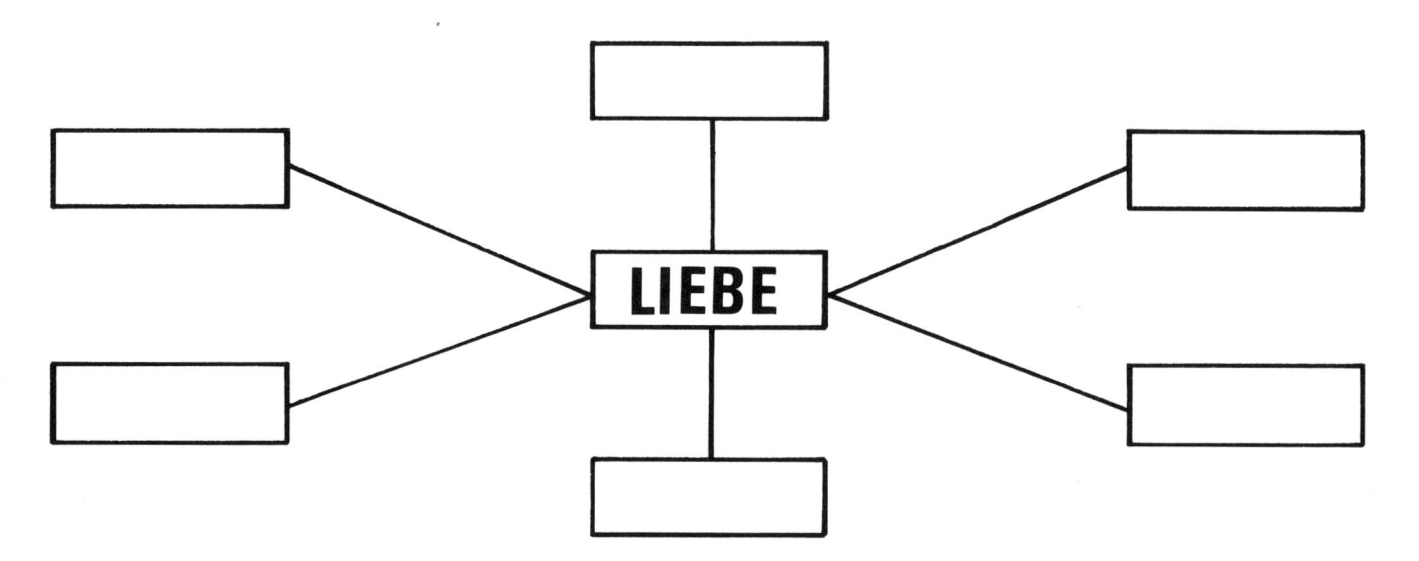

19.5 Liebesgedichte sind sehr persönliche Gedichte.

Finden Sie Ihre persönliche Sicht der Liebe in irgendeinem dieser Gedichte wieder? Könnten Sie sagen: „So sehe ich die Liebe auch?"

Was meinen Sie: Ist für Wondratschek die Liebe etwas Positives oder etwas Negatives? Etwas Schmerzliches, Quälendes oder etwas Erfreuliches, Erfrischendes? Etwas, das Freude bringt, glücklich macht oder unruhig und traurig? Und wie ist es bei Heinrich Heine? Wo finden sie Textstellen, die das – oder etwas anderes – zeigen?

> Aber vielleicht wollen Sie über so etwas Intimes gar nicht sprechen. Dann lesen Sie diese Gedichte einfach still für sich und machen sich Ihre eigenen Gedanken.
> Liebesgedichte sind doch wirklich nicht für eine Unterrichtsdiskussion geschrieben – oder? Was meinen Sie?

19 Gedichte

19.6 Textvergleich

> Freising (dpa). Bei einer Massenkarambolage auf der Autobahn Nürnberg–München, an der 29 Fahrzeuge beteiligt waren, sind in der Nacht zum Montag bei Allershausen (Landkreis Freising) elf Menschen verletzt worden. Der Sachschaden beträgt nach Angaben der Polizei 150000 Mark.

> *Ingo Cesaro*
>
> **Notiz**
>
> bei einer
> Massenkarambolage
> gestern Nacht
> auf der Autobahn
> Dortmund Hannover
>
> fanden drei Menschen
> und EIN SOLDAT
> den Tod
>
> der Sachschaden
> wird auf über fünfzigtausend
> Mark geschätzt.

Was macht den Text von Ingo Cesaro zum literarischen Text?

- [ ] die äußere Form?
- [ ] die großgedruckten Wörter?
- [ ] die Wörter *EIN SOLDAT*?
- [ ] die Unterteilung in tote *Menschen* und toter *Soldat*?
- [ ] etwas anderes?

19.7 Zum Schluß noch ein paar „Spaß-Gedichte" von Ernst Jandl

aus der Sammlung Luchterhand 9 *der künstliche baum* (Darmstadt und Neuwied 1980).

Wie sollte man diese Gedichte wohl lesen?
Versuchen Sie einmal, sie auf verschiedene Weise zu lesen.

fünfter sein

tür auf
einer raus
einer rein
vierter sein

tür auf
einer raus
einer rein
dritter sein

tür auf
einer raus
einer rein
zweiter sein

tür auf
einer raus
einer rein
nächster sein

tür auf
einer raus
selber rein
tagherrdoktor

ottos mops

ottos mops trotzt
otto: fort mops fort
ottos mops hopst fort
otto: soso

otto holt koks
otto holt obst
otto horcht
otto: mops mops
otto hofft

ottos mops klopft
otto: komm mops komm
ottos mops kommt
ottos mops kotzt
otto: ogottogott

da
du
box
box
du
da
box
box
da
da
box
box
au
au
AUS
dir wird
nie einer
nie einer

88

Franz Kafka   20

20.1 Wir wollen zum Schluß dieses Buches ...

versuchen, einen literarischen Text zu lesen. Es ist eine Parabel von Franz Kafka (1883–1924), dem vielleicht wichtigsten Parabelerzähler des 20. Jahrhunderts. Die typischen Merkmale dieser Textsorte sind:

- die Kürze
- etwas Besonderes wird erzählt
- die Geschichte ist frei erfunden
- eine oder mehrere Personen kommen vor
- die Zeitform ist das Präteritum
- der Text ist verschlüsselt und rätselhaft

Der Leser muß also versuchen, hinter das Geschriebene zu kommen, denn die Sprache beschreibt etwas, was nicht sofort zu verstehen ist. Eine Parabel will vom Leser, daß er herausfindet, was sie ihm sagen möchte.

Bevor wir zum eigentlichen Text kommen, lesen Sie bitte, was Schriftsteller über ihre Arbeit sagen.

Ich schreibe, weil ich es liebe, Geschichten zu erzählen.

Friedrich Dürrenmatt, geb. 1921

Der Schriftsteller ist mit seinem ganzen Wesen auf ein Du gerichtet, auf den Menschen, dem er seine Erfahrung vom Menschen zukommen lassen möchte.

Ingeborg Bachmann, 1926–1973

Ich erwarte von einem literarischen Werk eine Neuigkeit für mich, eine neue Möglichkeit zu sehen, zu sprechen, zu denken, zu existieren.

Peter Handke, geb. 1942

Was Literatur immer schon und immer wieder getan hat: Tabus durchbrochen, nicht etwa, weil sie etwas von der Liebe versteht; sondern weil sie sucht, immer wieder und immer wieder vergebens nach ihr sucht.

Heinrich Böll, 1917–1985

20.2 Und was verstehen Sie unter Literatur?

Überlegen oder diskutieren Sie:

20 Franz Kafka

20.3 *Gibs auf!* von Franz Kafka

Es war sehr früh am Morgen, die Straßen rein und leer, ich ging zum Bahnhof. Als ich eine Turmuhr mit meiner Uhr verglich, sah ich, daß es schon viel später war, als ich geglaubt hatte, ich mußte mich sehr beeilen, der Schrecken über diese Entdeckung ließ mich im Weg unsicher werden, ich kannte mich in dieser Stadt noch nicht sehr gut aus, glücklicherweise war ein Schutzmann in der Nähe, ich lief zu ihm und fragte ihn atemlos nach dem Weg. Er lächelte und sagte: „Von mir willst Du den Weg erfahren?" – „Ja", sagte ich, „da ich ihn selbst nicht finden kann." – „Gibs auf, gibs auf", sagte er und wandte sich mit einem großen Schwunge ab, so wie Leute, die mit ihrem Lachen allein sein wollen.

20.4 Einen solchen literarischen Text muß man genau lesen, ...

wenn man ihn verstehen will. Wir gehen jetzt Satz für Satz durch den Text und versuchen dabei Antworten zu finden, zu assoziieren oder auch etwas graphisch deutlicher zu machen.

Es war sehr früh am Morgen,

> Wieviel Uhr?   Sommer?   Winter?

die Straßen rein und leer,

> rein = 1 _____
>   2 _____   leer =
>   3 _____

ich ging zum Bahnhof.

> Welche Tätigkeiten (Verben) assoziieren Sie mit dem Wort Bahnhof?

Lesen Sie den Satz mehrmals laut. Merken Sie etwas? Spüren Sie den Rhythmus? Probieren Sie es noch einmal.

Franz Kafka

|20|

Als ich eine <u>Turmuhr</u> mit meiner Uhr verglich,

(laut lesen: Turmuhr   Uhr)

Zeichnen Sie bitte die Situation

<u>Wohin</u> muß _____
schauen?
Wie fühlt man sich?

sah ich, daß es schon <u>viel später war</u>, als ich geglaubt hatte,

Was macht man <u>normalerweise</u>, wenn man zwei verschiedene Uhrzeiten hat?

also _____
Was akzeptiert die Person?

ich mußte mich <u>sehr beeilen</u>,

sehr beeilen = _____

der <u>Schrecken</u> über diese <u>Entdeckung</u> ließ mich im Weg unsicher werden,

Der Bombenterror verbreitete Angst und <u>Schrecken</u>.
Kolumbus <u>entdeckte</u> Amerika.
Sind die Wörter nicht zu stark?

ich kannte mich in dieser Stadt <u>noch nicht sehr gut</u> aus,

sehr gut
gut
normal/nicht schlecht
nicht so gut
schlecht
gar nicht

…und er findet den Weg nicht?
Wie kennt der Mann die Stadt?

<u>glücklicherweise</u> war ein <u>Schutzmann</u> in der <u>Nähe</u>,

glücklicherweise → Substantiv?
Schutzmann → Verb?
Was assoziieren Sie?   Nähe?

⊖   Suchen Sie mehr solche Wörter im Text.   ⊕

Schrecken

sehr beeilen

glücklicherweise

lächeln

20 Franz Kafka

ich lief zu ihm und fragte ihn atemlos nach dem Weg.

> Finden Sie Substantive, warum der Mann läuft:
> _____
> atemlos = ohne Atem,
> also _____ ?

Kafka bringt die „Atemlosigkeit" auch anders zum Ausdruck. Lesen Sie bitte noch einmal laut von *Als ich eine Turmuhr…* Merken Sie etwas?

Er lächelte und sagte: „Von mir willst Du den Weg erfahren?"

> Der Schutzmann benimmt sich nicht höflich.
> 1. _____
> 2. _____
> Was bedeutet das für die Person?

„Ja", sagte ich, „da ich ihn selbst nicht finden kann."

> Was macht die Person mit dieser Antwort?
> Was bedeutet das für sie?
> _____
> _____

„Gibs auf, gibs auf", sagte er

> Welche grammatikalische Form ist das?
> Lesen Sie bitte laut.
> Warum die Verdoppelung?
> Sprache hat auch klangliche Qualität, z. B. *Axt, zischen, klatschen, blubbern, klicken* usw.

und wandte sich mit einem großen Schwunge ab, so wie Leute, die mit ihrem Lachen allein sein wollen.

> Der Satz ist grammatikalisch korrekt, aber was bedeutet er? Sprache transportiert keine Information oder Bedeutung mehr? Sprache ist surreal? Sprache an ihrer Grenze?

20.5 Sie haben bei der Textarbeit ein Bild gezeichnet.

War das Bild schon fertig oder fehlte noch etwas? Wenn ja, was? _____

_____.

_____.

_____.

Franz Kafka

|20|

20.6 Überlegen Sie

a. Bahnhof ist ein Symbol für

b. Die Uhr ist ein Symbol für

c. Der Turm ist ein Symbol für

d. Der Schutzmann ist ein Symbol für

20.7 Welche der vier Zeichnungen paßt zu der Parabel von Kafka?

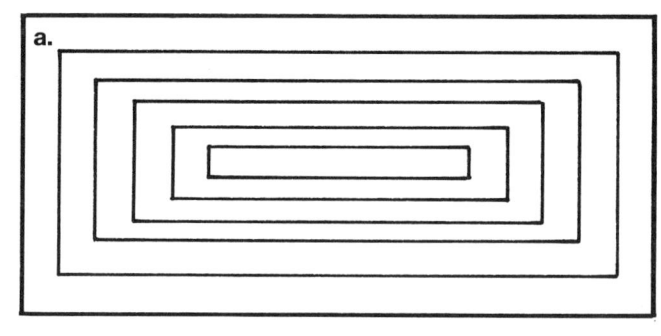

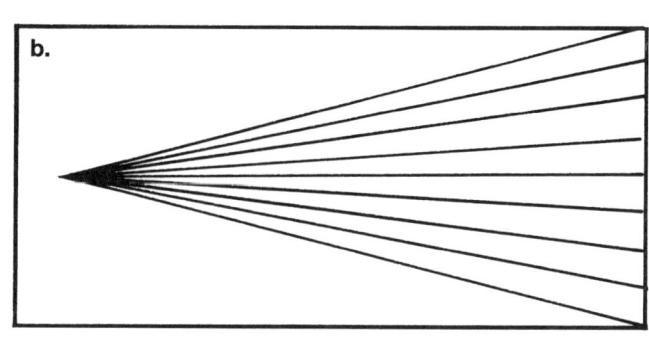

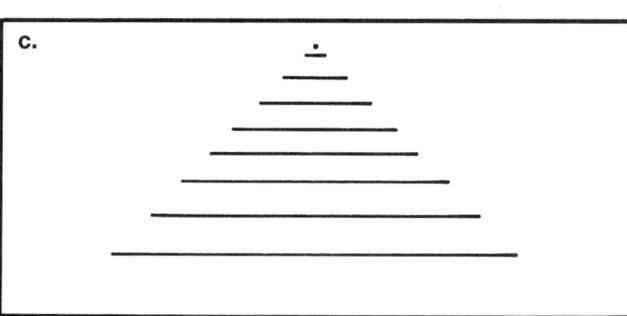

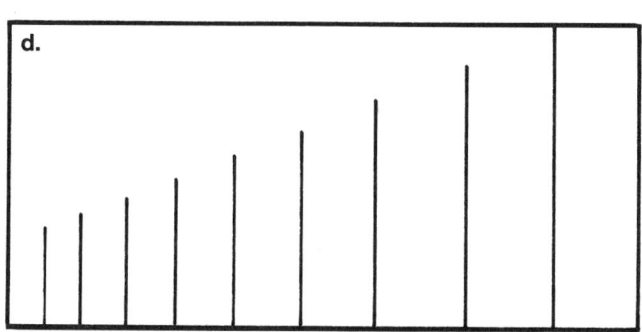

a.

b.

c.

d.

... oder zeichnen Sie ein anderes Modell!

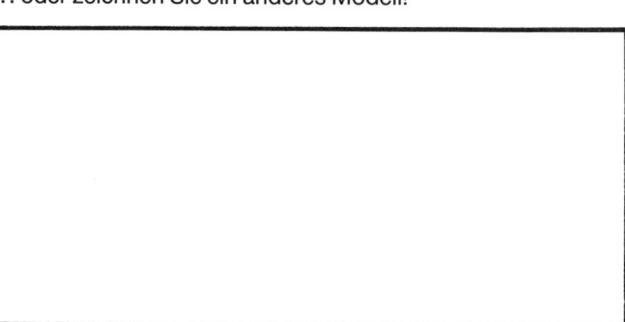

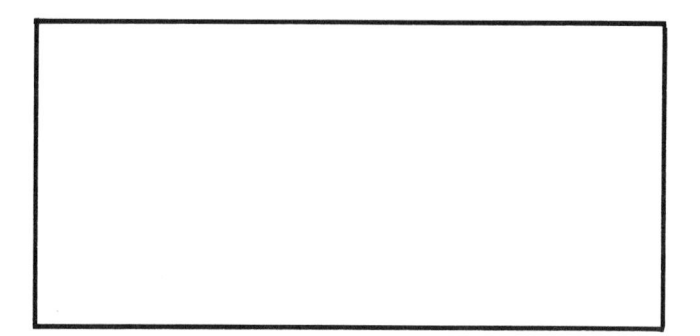

20.8 Weitermachen!

Wenn es Sie interessiert, können Sie noch andere Texte von Franz Kafka lesen, wie z.B. *Der Aufbruch* oder *Die Bäume*. Vielleicht versuchen Sie auch einmal, etwas von Bertolt Brecht, z.B. *Geschichten von Herrn Keuner*, zu lesen. Bei all diesen Texten muß man lesen und nachdenken, Fragen stellen, noch einmal lesen, mit Freunden lesen, darüber sprechen und diskutieren ...

Lösungsschlüssel

1.2	a:f; b:r; c:f
1.6	a:4 (Nr.5,7,8,11); b:4 (Nr.2,3,5,7); c:6 (Nr.1,4,7,9,11,13); d:3 (Nr.3,6,10); e:2 (Nr.1,4)
1.7	a:8; b:6; c:5,11; d:7; e:2,3,10; f:3,9,10,12,13; g:9,13; h:1,4,6; i:5,11
1.8	a:8; b:9; c:1; d:5,7; e:7; f:2,3; g:6; h:4; i:7,11; j:9; k:8
1.9	a:13; b:10; c:6; d:3; e:1,4,9,13; f:5; g:8; h:2; i:4; j:1; k:7
1.10	a:7; b:9; c:1; d:6; e:3; f:5,13; g:4; h:18; i:14; j:15; k:11
1.12	a:r; b:r; c:r; d:f; e:r; f:f; g:r; h:f
L1	a:2; b:9; c:5; d:6; e:8; f:1; g:10; h:3; i:4; j:7
L2	a:10; b:2; c:4; d:6; e:7; f:1; g:3; h:8; i:9; j:5
2.2	a:nicht; b:ist, Nürnberg; c:Mutter, erkrankt/krank; d:telefoniert/ruft ... an
2.4	a:1; b:10; c:8; d:4; e:2; f:6; g:9
2.5	a:6; b:11; c:7; d:5; e:12; f:3
2.6	a:Freundin/Frau; b:Kinder; c:Babsi; d:Frau Beier; e:Horst; f:Familie
2.7	a:Vati; b:Peter; c:Pfund,ungefähr; d:Klaus; e:früh wecken; f:nein; g:er will sie sprechen
2.8	1:Museum; 2:Zentrum; 3:Stadion; 4:Eisstadion; 5:Rathaus; 6:Freibad; 7:Messe; 8:Bahnhof; 9:Zoo
2.9	a+4; b+5; c+1; d+6; e+3; f+2
2.10	a:Film mit 36 Aufnahmen; b:zweimal pro Woche; c:Lufthansa-Schalter; d:reparieren; e:Köln; f:Diapositiv
2.11	a:Impfpaß; b:Koffer; c:Tasche; d:Blitz; e:Reiseschecks; f:Kofferschlüssel; g:Tickets
3.2	Geld einwerfen:2; Hörer einhängen:4; Nummer wählen:3; Hörer abheben:1
3.4	a:-r Stand; b:-s Gespräch; c:-e Störung; d:-s Drücken; e:angezeigt; f:-r Betrag; g:genutzt; h:vermittelt; i:-e Rückgabe; j:-
3.5	a:4; b:1; c:3; d:2
3.6	a:f; b:r; c:r; d:r; e:f (nicht von hier, der Apparat ist kaputt!)
3.7	a:1.Frankfurt am Main, 2.Kirchhain, 3.Lüneburg; b:457937; c:Lünen; d:Wählton, Freiton, Besetztton, Hinweiston; e:ja, wenn man ein Telefonbuch einer bestimmten Stadt sucht (AFeB Nr. bedeutet Amtliches Fernsprechbuch Nr., z.B. Lüneburg ist im AFeB Nr.30))
3.8	a; 3,6,2,1,5,4
3.9	a:0749 69 193604; b:0049 89 673428; c:09549 40 477768
3.10	a:Norwegen; b:Spanien; c:Italien
3.11	a:3; b:1; c:4; d:2
4.4	a:5; b:IC-ZU; c:Rf; d:links; e:Betrag DM; f:auch
4.5	a:links,7,Rf; b:rechts,7,Rf; c:nein; d:C
4.6	a:ja, Mini-Gruppen; b:bis 03.00 Uhr am nächsten Morgen; c:ja, 50%
4.7	a:wählen; b:zahlen; c:entwerten (nicht wie S.20!)
4.8	a:B,C; b:Gepäckschließfach; c:B,D
4.9	a:die Tür (weit) öffnen; b:das Gepäck einstellen; c:Geld/eine Mark einwerfen; d:die Tür, verschließen; e:Schlüssel
4.10	a:Ich muß noch eine Mark einwerfen; b:Ich muß das Gepäck bei der Gepäckabfertigung abholen
4.11	a:C,D; b:Briefmarkenautomat
5.1	d
5.2	a:wichtig; b:interessant; c:wichtig; d:wichtig; e:interessant; f:unwichtig; g:wichtig
5.5	a:Indikationen; b:Dosierungsanleitung; c:Zusammensetzung; d:Kontraindikationen; e:Dosierungsanleitung; f:Wirkungsweise; g:Warnhinweis, Besonderer Hinweis, Kontraindikationen; h:- (ohne Wort)
5.6	a:ja, 3; b:nein; c:ja,1; d:ja,1; e:ja,1; f:nein
6.2	a:Becher, Becken, Bedacht, bedächtig; b:der (Becher), das (Becken), - (Bedacht; maskulin, aber ohne Artikel!), der (Bedarf); c:be-bau-en, be-dan-ken, be-auf-tra-gen; d:- (kein Plural!); e:Ich bedanke mich bei dir; f:beauftragen (auf ist laut gesprochen); g:Er hat seine Frau beauftragt.
6.4	Petra; einen Igel; ins Haus; Hunger; Tierarzt; sein normales Gewicht; ...
6.5	a:pflegen^1 1; b:der Wurm; c:3.2; d:gesund; e:...; f:2.1 (hinterher, dann, hierauf, später); g:ja, bei Flocke 3; h:...; i:...
6.7	a:4; b:entsprechend schlecht; c:4; d:grobe (= Ggs.); e:Futter^2 1; f:hat keine Bedeutung; g:pflegen^1 1.2; h:umgangssprachlich (= umg.); i:1
6.8	a:...; b:Adjektiv, Adverb, Pronomen, Verb, Präposition, Subjekt, Anatomie, Bankwesen, Geographie, Chemie, Religion, Militär, Medizin, Theater, Sprachwissenschaft, zum Beispiel, das heißt, gestorben, oben angegeben, unter anderem, umgangssprachlich, und so weiter, vergleiche, und ähnliche
7.1	a:sechs Monate; b:Kassenzettel/Rechnung; c:selber reparieren
7.2	a:ja; b:nein; c:ja; d:nein; e:ja; f:ja; g:ja
7.6	5 (s. Punkt 5 der Garantie; nur der Radiorecorder hat Klarsichtscheibe, Skala und Batterien)
7.7	a:1.; b:1.; c:1.,4.; d:2.; e:3.; f:-
7.8	a:B; b:C; c:A
7.9	1.:Geräte; 2.:Mangel; 3.:Frist; 4.:Instandsetzung; 5.:Nebenkosten; 6.:gültig; 7.:liefern; 8.:unentgeltlich; 9.:Ersatz; 10.:Schaden; 11.:zerbrechlich; 12.:Werkstatt; 13.:Bedingungen; 14.:Kunststoff; **Lösungswort:** Garantieschein
7.10	a:...; b:...; c:B; d:B
8.2	a:1; b:9; c:6; d:3,10; e:4; f:7; g:7,8; h:12; i:2; j:13; k:11; l:7,8
8.4	a:9; b:10; c:2; d:2; e:8; f:3; g:3; h:5 (dazu 7); i:1; j:6; k:4
8.5	1; 2; 8; 9; 10; 3; 4; 5; 7; 6
8.6	a:3,4,10; b:1; c:3,4,10; d:10; e:5,6,9; f:6
8.7	1:A; 2:C; 3:C; 4:A; 5:B
8.8	a:Füller,1; b:Filmstar,2; c:Minuten,3/4; d:Schmatz,1; e:Hunde,5; f:Falle,1; g:Geschirr, 1; h:Nägel,4; i:Lippenstift,4; j:Mülleimer,5; k:Heizung,5; l:Steh auf!,3; m:schlechtes Gewissen,4; n:Lichter,5; o:weiterschlafen,4
8.9	a:2,6,7; b:1,4,12; c:5,8,10; d:3,9,11
9.1	a:Segelflugzeug; b:Australien; c:Hühner; d:Radar; e:Reisetasche; f:Amsterdam; g:Duden; **Lösungswort:** Fahrrad
9.2	a:3; b:5; c:2; d:1; e:4
9.4	a:zur Arbeit, zur Schule und Hochschule; b:8000; c:Bundesverkehrsminister; d:8% der Erwerbstätigen, Schüler und Studenten; e:40 Millionen; f:3000
9.5	Verkehrsmittel der Zukunft, Verkehrsmittel der Vergangenheit, Nahverkehrsmittel, motorloses Zweirad, Rad
9.6	a:Zeile 7; b:Zeile 8; c:Zeile 9-11
9.7	a4; b3; c1; d5; e2
9.9	a:2; b:1; c:5; d:6; e:4; f:7; g:3
9.10	a:T+B; b:T; c:T+B; d:-; e:T; f:T; g:T; h:B; i:B; j:-; k:B; l:T; m:B; n:-; o:T+B; p:T; q:T (B = Bild, T = Text)
9.11	A7; B10; C4; D2; E6; F1; G3; H8; I5; J9
10.2	a:5; b:3; c:10; d:7; e:6; f:1; g:4; h:2,7,8; i:9; j:4
10.3	1:In Athen sollen keine Autos mehr fahren. - Die Fußgänger freuen sich.; 2:Zuviel Sonne macht die Haut alt und krebskrank.; 3:Die Reisebüros klagen, daß immer weniger Kunden kommen.; 4:Ein Fußballspiel in Bonn endete mit einer Schlägerei.; 5:Die Sommerzeit kam mit Sturm und Schnee.; 6:Ein Erdbeben in Iran forderte 30 Tote.; 7:Ein Motorradfahrer wurde schwer verletzt.; 8:Ein Kind probierte Medikamente, die im Müll lagen.; 9:Mit dicken Menschen wurde ein dickes Geschäft gemacht.; 10:Es gibt jetzt eine Universität des dritten Lebensalters (= für alte Leute).

Lösungsschlüssel

11.3 3; 4; 2; 1

11.4 a:Trankgasse, Domplatte; b:Tüte, Sprengkörper, Bombe; c:Polizei, Feuerwerker; d:Schaulustige

11.6 a:Zeitzünderbombe, Tüte mit brisantem Inhalt, Bombe, Sprengkörper, Sprengsatz; b:vor dem Eingang der türkischen "Pamuk" Bank; c:Sprengstoffspezialisten, Bombenexperte; d:keine zwei Minuten später; e:der Fundort; f:mögliche Täter

11.7 c.; ... die Bombe explodiert wäre.

11.8 a:Sprengstoffspezialist; b:Polizeihundertschaft; c:Lieferwagen; d:Werkzeug; e:Samstagvormittag; f:Hauptbahnhof; g:Fundort; h:Plastiktüte; i:Zeitzünderbombe; j:Schaulustige; k:Bahnhofsausgänge; l:Blaulicht; m:Martinshorn; n:Rolltreppe; o:Polizeikette; p:Tageszeit

12.3 a:B; b:A; c:C; d:A

12.5 (ß = ss)

		S	T	R	E	I	F	E	N	W	A	G	E	N	
		P		O		S		A		T		D	U		
H	A	I	S	S		V	E	R	K	Ä	U	F	E	R	
O		E	I	E	R		K		T			I		U	
S		L		W	A	F	F	E				T			
E			B	A	U	E	R		R		S	C	H	L	O	S	S
		S		H		O		W	A	N	N		U	H	U
A	B	I		R		K		T	A	L		G			B
S	O	N	N	E		I		R		W		A			E
T	O	U	R	I	S	T	E	N	P	A	A	R			R
		R		S		U		R			T	O	R		
		W		E		N		U			E	S			
	W	O	H	N	U	N	G		M	O	N	T	A	G	

13.3 a:drei junge Männer; b:ein etwa 40jähriger Mann; c:fünf Männer; d:zwei bisher unbekannte Räuber

13.4 a:eine Mofafahrerin; b:die Bank, mehrere Bankangestellte, der Täter selbst; c:der Wirt; d:ein 57 Jahre alter Geldbote

13.5 a:c; b:b; c:d; d:a; e:d; f:a; g:c; h:b,d

13.6 b

13.8 a:gestern abend gegen 17.30 Uhr, ein Toter und drei Schwerverletzte, auf der Straße zwischen Heskem und Hachborn auf Höhe der Gemeinde Ebsdorf, ein Pkw und ein Kleinbus, die zwei Fahrzeuge sind mit hoher Geschwindigkeit zusammengestoßen/darüber besteht noch völlige Unklarheit, die Feuerwehr; b:wann, wo, wer, was; c:was ist passiert

13.9 ENGLÄNDER; ACHT JAHRE; FUSSBODEN; WOHNUNG; ACHT JAHRE LANG; ENGLAND; ENGLÄNDER; POLIZEI; EIGENEN HAUS; EINEM LOCH; FUSSBODEN; WOHNUNG; ÜBERFALLS; DEZEMBER; KURZ VOR WEIHNACHTEN; TIEFEN LOCH; FUSSBODEN; ENGLAND; EIN BETT; VON SEINER FRAU; NACHTS; EIN TEPPICH; EIN SOFA; WÄHREND DER ACHT JAHRE; KILO GEWICHT

13.10 a:A,4,6,2; b:B,1,5,3; c:war eingeschlafen, waren gerufen worden, hatten sich beschwert

14.4 a:r; b:f; c:r; d:f; e:f; f:r; g:r

14.5 a:B; b:C (Text!); c:A,B,C

14.6 von oben nach unten: SPARKONTO; SCHULDEN TILGEN; NETTOLOHN; BRUTTOGEHALT; TEUERUNG; MITTLERES EINKOMMEN; ERSPARNIS; AUSGABEN; EINNAHMEN; BUCH FÜHREN; PROZENT; ARBEITNEHMERHAUSHALT; GRUNDBEDÜRFNISSE; PREISSTEIGERUNG

15.1 Unwahr ist Alarm bei Schwund; alle anderen Geschichten sind wahr.

16.1 a; b; e; f; g

16.4 a:8; b:4; c:3; d:2; e:5; f:1; g:7; h:9; i:10; j:6

17.3 a:1,4; b:2; c:3; d:4

17.4 a:C; b:B; c:A; d:A; e:A; f:C

17.5 a:4,4; b:5,1; c:6,2; d:2,3; e:3,4; f:1,3; g:9,4; h:11,4; i:10,4; j:12,4; k:7,4; l:8, 4; m:16,4; n:18,4; o:13,4; p:17,3; q:15,3; r:14,2

17.7 a:Rhythmus; b:Lebensstandard; c:Republik; d:Satellit

17.8 1C; 2D; 3A; 4B

18.3 a:Hälfte; b:Horoskope; c:Zukunft; d:Astrologen; e:Jahre; f:Prozent; g:Sterne; h:Geburt; i:größte; j:Voraussagen; k:Zeitschriften

18.5 b

18.6 a:Bleiben Sie; b:sollten; c:müssen; d:Treiben Sie; e:vorbereiten; f:sollten; g:sollten; h:Kümmern Sie

18.7 a:Waage; b:Skorpion; c:Schütze; d:Krebs; e:Löwe; f:Zwillinge; g:Schütze, Löwe, Stier, Skorpion; h:Widder

18.8 1:Imperativen; 2:Modalverben im Indikativ; 3:Modalverben im Konjunktiv II

Quellennachweis

S. 17 Deutsche Bundespost, Ortsnetzkennzahlen, Ausschnitte aus: AVON 1985
S. 18 Deutsche Bundespost, Telefon-Informationen für Spanien-, Italien- und Norwegen-Reisende
S. 20 Deutsche Bundesbahn, Information zum Fahrscheinautomaten
S. 21 VRS-Verkehrsverbund, Köln, Info-Tafel
S. 24 Blanco Pharma, Pharmazeutische Präparate GmbH, Bad Lauterberg, Gebrauchsinformation für "Grippocaps"
S. 25 Jahreszeiten-Verlag GmbH, Hamburg, Text 1, 2 und 3 sowie "Was häufig in Beipackzetteln steht", aus: VITAL 2/1982
S. 26 Merck Produkte-Vertriebsgesellschaft & Co., Darmstadt, Gebrauchsinformation für "Kohle-Compretten"
S. 27, 28, 30 Deutscher Taschenbuch Verlag, München, Ausschnitte aus: dtv-Wörterbuch der deutschen Sprache, dtv 3136, hrsg. von Gerhard Wahrig
S. 29 Frankfurter Societäts-Druckerei GmbH, Franktfurt, Textausschnitt "An einem kalten Morgen..." aus: Scala-Jugendmagazin 5/1983
S. 34 N.N., Hamburg, Garantie-Bedingungen
S. 35 N.N., München, Garantie
S. 37/38 Scriptoria, Bildgeschichte "Suske und Wiske" von W. Vandersteen, Antwerpen 1972
S. 40/41 KFS, "Blondie" von Chic Young, Vertrieb Bulls Pressedienst, Frankfurt
S. 42 Biehler Production, Hamburg, Zeichnungen aus "Kaputt", Condor-Verlag GmbH & Co., Frankfurt
S. 43 Fahrradbüro Crellestraße, Verkaufs- und Verlags-GmbH, Crellestraße 6, Berlin 62, Aufkleber "Immer nur Auto fahren? - Nein danke!"
S. 44 IVB-Report, Heiligenhaus/Düsseldorf, 3 Fotos; Associated Press GmbH, Frankfurt, "In einem Jahr ..."; Deutsche Presse-Agentur GmbH, Hamburg, "Das Fahrrad ..."
S. 47/48 Verlag Das Beste GmbH, Stuttgart, Auszüge aus "Reparieren leicht gemacht", S. 520/521 und 309
S. 50 stern syndication, Gruner + Jahr AG & Co., Fotos (V. Hinz) und Texte "Platten auf dem Scheiterhaufen" aus: Stern 2/1982, sowie vier Aufmachertexte
S. 51 stern syndication, Gruner + Jahr AG & Co., Foto (P. Glaser) und Text "Da kennt man nur noch Deutsche", aus: Stern 43/1981; Der Spiegel, Hamburg, sechs Aufmachertexte aus: Spiegel 2/82, 1/84, 47/81 und 17/82
S. 53-55 Tutt, H., Köln, Fotos und Text "Am Dom tickte eine Bombe", aus: Kölner Stadtanzeiger
S. 57 Deutsche Presse-Agentur GmbH, Hamburg, "Diamantenhändler ..."
S. 58 Associated Press GmbH, Frankfurt, "Hundertjährigem Chinesen..."; Deutsche Presse-Agentur GmbH, Hamburg, "68jähriger Italiener ...", "120 Mark Geldstrafe ...", "Rien ne va plus", "Verliebt, ...", "Terrorist ...", "Ägyptische Studenten ..."
S. 61 Express, Köln, "Sabotage an Gondel", 2.1.84
S. 62 Oberhessische Presse, Marburg, "Dreister Flirt" (orig.), 13.7.82; Kölner Stadt-Anzeiger, "Räuber mußte ohne Beute fliehen", 15.3.82, und "Wirt freute sich zu früh ...", 3.1.84; Deutsche Presse-Agentur GmbH, Hamburg, "Räuber von eigener Bombe verletzt"; Express, Köln, Textausschnitt "Plötzlich sieht er durch die...", 16.1.82

S. 63 Wagner, P., Fotos und Text "Schwerer Verkehrsunfall", aus: Oberhessische Presse, 23.6.82
S. 64 Kölnische Rundschau, "Wohnungsbrand aus Unachtsamkeit", 21.2.82, und "Mit Luftgewehr ...", 20.2.84
S. 65 stern syndication, Gruner + Jahr AG & Co., Preistabelle aus: Stern 4/82
S. 66 Globus Kartendienst GmbH, Hamburg, "Trotz Teuerung ...", Text und Graphik
S. 67 Globus Kartendienst GmbH, Hamburg, "Uns blieb mehr Geld ...", Text und Graphik
S. 70 Associated Press GmbH, Frankfurt, "Im Sturzflug über das eigene Dach"; Deutsche Presse-Agentur GmbH, Hamburg, "Eingesperrter Organist ..." und "Störung im Unterricht"
S. 71 Associated Press GmbH, Frankfurt, "Britischer Lord ..."; Deutsche Presse-Agentur GmbH, Hamburg, "Leiche kam zum eigenen Begräbnis" und "Briefträger streikte"
S. 73 Fischer Taschenbuch Verlag, Frankfurt, Auszug "Witz" aus: Das neue Fischer Lexikon in Farbe, Band 10, S. 6545
S. 77 Globus Kartendienst GmbH, Hamburg, zwei Graphiken; Süddeutscher Verlag, Portraits von Goethe, Faßbinder, Strauß, Brandt, v.Weizsäcker
S. 78 Associated Press GmbH, Frankfurt, "Die Deutschen haben ... "; Express, Köln, "Frühstücks-Fans", 15.3.82, und "Die Deutschen beißen sich durch", 13.5.82; Der Spiegel, Hamburg, "USA: Deutsch nicht gefragt", Spiegel 17/82
S. 80 Associated Press GmbH, Frankfurt, "Deutsche Sprache - eine schwere Sprache"
S. 81 Deutsche Presse-Agentur GmbH, Hamburg, "Horoskope sehr beliebt"
S. 83 Die Abendzeitung, München, Texte aus: Abendzeitung 14.12.83; Zeller, A.P., Richtig leben nach den Sternen, Pamir Verlag 1979
S. 84 S. Fischer Verlag, Frankfurt, Textauszug aus: Lyall Watson, Die Grenzbereiche des Lebens, S. 179, 181, 241, 252, Fischer Taschenbuch Verlag, Frankfurt 1980
S. 85 Ulrich, G., Scherenschnitt, Umschlagbild von: "Heinrich Heine - Leise zieht durch mein Gemüt", Bertelmann Lesering Nr. 5678, Bertelsmann Club GmbH der Mohn & Co. GmbH, Gütersloh
S. 86 Wilhelm Heyne Verlag, München, Gedichte von Liselotte Rauner, "Epigramm", und Manfred Hausin, "mit offenem mund", aus: Straßengedichte; hrsg. von Joachim Fuhrmann, Heyne Taschenbuch, München 1972
S. 87 Wondratschek, W., vier Gedichte aus: Chuck's Zimmer, Heyne Buch Nr. 6030, Wilhelm Heyne Verlag, München 1982
S. 88 Wilhelm Heyne Verlag, München, Gedicht von Ingo Cesaro, "Notiz", aus: Straßengedichte; hrsg. von Joachim Fuhrmann, Heyne Taschenbuch, Wilhelm Heyne Verlag, München 1982; Hermann Luchterhand Verlag, drei Gedichte aus: Ernst Jandl, der künstliche baum, Sammlung Luchterhand 9, Hermann Luchterhand Verlag, Darmstadt und Neuwied 1970
S. 90 S. Fischer Verlag, Frankfurt, Erzählung "Gib's auf" aus: Franz Kafka, Sämtliche Erzählungen, Frankfurt 1970; Süddeutscher Verlag, Portrait Franz Kafka